Band 14

Georges-Arthur Goldschmidt

In Gegenwart des abwesenden Gottes

Aus dem Französischen von
Brigitte Große

Ammann Verlag

Die Originalausgabe ist 2001
unter dem Titel
»En présence du Dieu absent«
im Verlag Bayard Éditions, Paris
erschienen.

Erste Auflage

Homepage: www.ammann.ch

Satz: Gaby Michel, Hamburg
Druck und Bindung: Freiburger Graphische Betriebe
ISBN 3-250-30014-4

Georges-Arthur Goldschmidt

In Gegenwart des abwesenden Gottes

Ein wartender Gott

Gott, der große Abwesende, wich mir zeit meines Lebens nicht von den Fersen, und fast hätte ich dafür den höchsten Preis bezahlt. Als Christ »jüdischer Herkunft« geboren, Agnostiker, wenn nicht Atheist geworden, hatte ich wirklich alle Chancen, von niemandem als seinesgleichen angenommen und vom Schicksal dazu verdammt zu werden, als Seife oder Rauchfahne zu enden. Alle hielten mich für etwas, das ich nicht war, für unecht die einen, für einen Verräter die anderen, und heute, angesichts der Abwesenheit Gottes, bin ich glücklich wie ein Fisch im Wasser. Zur lange geplanten Vernichtung geboren, habe ich mich durchgeschummelt und bin immer noch da, wofür Gott nichts kann; nur ein Gendarm, eine verdrehte, perverse Heimleiterin, ein Dorfvikar und ein paar savoyardische Bauern können was dafür.

Wie jeder weiß, ist die Shoah nicht aus dem Nichts entsprungen, sondern dem Schoß des Christentums, dem christlichen Bewußtsein. Auschwitz, dem ich »unverdientermaßen« entgangen bin, wurde von Menschen entworfen und verwirklicht, die sich auf denselben Gott beriefen wie die von ihnen Ermordeten, sie führten diesen Gott ständig im Munde, ja, er zierte sogar ihre Koppel: *»Gott mit uns«*. Die folgende Geschichte, so unbedeutend sie ist, mag als Beleg und Widerlegung des Gesagten dienen.

Ich bin der Sohn evangelisch-lutherischer Eltern, die ihre religiöse Inbrunst, ihren neuerworbenen, aufrichtigen Glauben bei jeder Gelegenheit zeigten. Tatsächlich ist meine Familie eine der alteingesessenen Hamburger jüdischen Familien, meine Vorfahren (die sich über sechzehn verschiedene Nachnamen bis zur Mitte des XVII. Jahrhunderts zurückverfolgen lassen) sind allesamt Juden, wahrscheinlich waren sogar Rabbis dabei. Gottes wegen konnte man ihnen das Leben schwermachen, ihnen den Zugang zu allen Rechten verweigern und sich ihnen gegenüber alles herausnehmen, sofern es nicht die öffentliche Ruhe und Ordnung störte, nur umbringen durfte man sie nicht.

In Hamburg war nicht einmal darauf Verlaß. Bis zur Mitte des 18. Jahrhunderts konnte man im Namen Gottes leicht diejenigen ermorden, die immer noch darauf beharrten, vom selben Gott zu sprechen. Pastoren hetzten von der Kanzel zum Pogrom auf, das gab schöne Judenjagden, damals *Hepp!-Hepp!-Krawalle* genannt. Von diesem Zeitpunkt an machte die Assimilation trotz ihrer teilweisen Ablehnung durch die jüdische Gemeinde und gegen den Widerstand der städtischen Behörden große Fortschritte, und schon bald nahmen die Juden aktiv am gesellschaftlichen Leben teil.

Zum Glück hatten meine Urgroßeltern nicht unter Verfolgungen zu leiden. Mein Urgroßvater, geboren 1794, und meine Urgroßmutter, geboren 1806, gehörten der reichen jüdischen Bourgeoisie an und waren daher relativ geschützt. Beide traten dem »Verein des Neuen Tempels« bei, der 1817 gegründet wurde und unter dem Einfluß von Moses Mendelssohn und der »Haskala« stand, der jüdischen Aufklärung, deren Ziel es war, die rigide Glaubenspraxis aufzuweichen und das Jiddische aufzugeben. Obwohl meine Urgroßeltern mit den Protestanten in ihrer Umgebung freundschaftlich verkehrten, weigerten sie sich doch standhaft, deren Glauben anzunehmen.

Meine Urgroßmutter, Johanna Goldschmidt, hat einen Briefroman geschrieben, *Amalia und Rebecca,* in dem eine junge Frau eine »gute Partie« ausschlägt, um dem Glauben ihrer Väter treu zu bleiben. In einem anderen Buch von ihr, *Muttersorgen und Mutterfreuden,* findet sich folgende Mahnung an die Religionslehrer: *»... aus dem zarten Alter aber entfernt den Hochmutsteufel der sogenannten konfessionellen Tugenden, denn dem Erzieher kann es, darf es nicht unbekannt sein, daß jede Religionslehre dieselben gebietet und man daher für die Vortrefflichkeit der Menschen am besten sorgt, wenn man ihnen die Grundlage alles Guten als festwurzelnd in den ewigen Geboten heiliger Menschenliebe zeigt.«*

Es ist vielleicht solchen freien Geistern zu verdanken, daß es am 23. Februar 1849 in Hamburg zur religiösen Gleichstellung von Juden und Christen kommen konnte. Das Bürgerrecht gab es für Juden erst 1869, gleich, was sie alles für die Stadt getan, wie viele Krankenhäuser und andere Gebäude sie womöglich gestiftet hatten. Im Namen des einen, gemeinsamen Gottes verweigerte man ihnen die Anerkennung als vollwertige Menschen. Ihre »gottgläubigen« evangelischen Nachbarn konnten ihnen ihre Treue zu Gott nicht verzeihen.

Mein Großvater trat am 1. Juli 1868 aus der jüdischen Gemeinde aus. Mein Vater, 1873 geboren, wurde im lutherischen Glauben erzogen, und dieser blieb der Mittelpunkt seines gesamten Lebens. Als er nach dem Tod meiner Mutter 1942 ins Konzentrationslager Theresienstadt kam, übte er dort die Funktion eines Pastors für die evangelischen Juden aus, wie es das Kirchenrecht für den Notfall bestimmt (67. Schmalkaldische Bestimmung).

Für mich war Gott von Anfang an gegenwärtig. Acht Monate nach meiner Geburt, am 30. Dezember 1928, wurde ich von Pastor A. Fries in meinem Geburtshaus getauft, wie es bei den Lutheranern damals Sitte war. Ich habe noch heute meinen Taufschein, in doppelter Ausführung, vom Pastor eigenhändig unterschrieben und mit dem Stempel der Kirchengemeinde versehen.

Mit sechs Jahren kam ich in die »Sonntagsschule«, den evangelischen Religionsunterricht. Die Gleichnisse gefielen mir, weil Jesus eine solche Güte ausstrahlte und den Schwachen half. Ich hörte andächtig zu. Die beweglichen Ziffern auf weißem Grund, die die Kirchenlieder anzeigten, begeisterten mich, ich träumte davon, sie eines Tages selbst auf der Holztafel verschieben zu dürfen. Von den Predigten des Pastors Fries, eines alten Herrn mit weißem Bart, schwarzem Talar und weißem Beffchen, war ich so hingerissen, daß ich auf einen Hocker im Badezimmer meines Vaters stieg und es ihm nachtat. Ich fand mich großartig, doch es mischte sich noch etwas anderes in die kindliche Eitelkeit, eine objektlose innere Gewißheit, die mich nie verlassen hat, aber es sollte noch Jahrzehnte dauern, bis ich wußte, was es war: Ich fühlte mit höchster Intensität die Seele, die in mir war.

Ich konnte mich nicht satt sehen an meiner illustrierten Kinderbibel mit den berühmten

Holzschnitten Ludwig Richters. Wenn mein Vater mir vorlas, nahm er *Die Bibel oder die ganze Heilige Schrift des Alten und Neuen Testaments nach der deutschen Übersetzung Dr. Martin Luthers, 6. Ausgabe, Halle, in der cansteinschen Bibelanstalt, 1830,* zur Hand: ein dickes Buch, in gotischer Schrift zweispaltig gesetzt, mit einem klaren schwarzen Strich in der Mitte. Ich war sehr stolz, wenn ich es betrachten durfte. Es war darin oft von Juden die Rede, und dieses Wort verwirrte mich und machte mir angst. Ich wußte, daß Jesus Jude war und daß die Römer und andere Juden ihn gekreuzigt hatten. Aber vor allem wußte ich, daß von diesem Wort eine Gefahr, eine Drohung ausging, die auch mich betraf, ohne daß ich hätte sagen können, warum. Manchmal hörte ich das Wort »Judensau« und war mir nicht sicher, ob ich gemeint war. Vor mir oder meinem älteren Bruder nahmen meine Eltern das Wort »Jude« nie in den Mund, doch ich spürte, daß sie uns etwas verhehlten. Sie sagten immer, wir sollten auf Jesus Christus vertrauen, der uns noch mehr liebte als sie selbst.

Der alte Pastor Fries starb, ein jüngerer Pastor

trat seine Nachfolge an, und schon am nächsten Sonntag wurde ich vom Religionsunterricht ausgeschlossen. Wie die meisten deutschen Pastoren kam es für ihn nicht in Frage, daß ein kleiner Jude den Gottesdienst besuchte. Seit dem 15. September 1935 war ich »Volljude«, weil ich vier Großeltern jüdischer Konfession hatte. Ganz Deutschland wurde so in Voll-, Halb- und Vierteljuden aufgeteilt. Denen, die keine »Arier« waren, verweigerten die Pastoren Taufe, Hochzeit und Begräbnis.

Der Verrat wohnte im Hause Gottes, und ohne es formulieren zu können, wußte ich, daß die Maria-Magdalenen-Kirche meines Dorfes, ein strenger, kantiger roter Backsteinbau, mit etwas Heillosem verbunden war, mit Verdammnis und Verbannung, und daß Gott, dessen war ich mir ganz sicher, dort nicht war, ja daß er wohl von den Orten, an denen er anwesend sein sollte, grundsätzlich abwesend war. Ich kann nichts dafür, wenn die protestantischen Bauwerke Norddeutschlands für mich heute noch tote, kalte Stätten sind, für alle Zeit vom Verbrechen besudelt.

Jeden Abend ließ meine Mutter mich das Vaterunser aufsagen. Ich betete stets mit der gleichen Inbrunst, aber etwas daran schien mir irgendwie verquer, irgendwie sonderbar, denn wenn ich im Arbeitszimmer meines Vaters in den großen Kunstbänden blätterte, was ich oft tat, wunderte ich mich jedesmal, wie viele Heilige dort nackt den schrecklichsten Foltern ausgesetzt zu sehen waren. Besonders der Heilige Sebastian des Antonello da Messina begeisterte und verwirrte mich. Obwohl ich wußte, daß die Märtyrer für ihren Glauben gelitten hatten, fand ich das Ergötzen an solchen Bildern unanständig. Und das Seltsame daran war, daß sich das Unkeusche mit der Gottesidee vermischte.

Unsere Eltern ermahnten uns immer wieder, Gott zu vertrauen, aber zur Kirche gingen wir nicht mehr. Kurz vor seiner Versetzung in die Tertia wurde mein Bruder vom Gymnasium ausgeschlossen, bald darauf erfuhren wir, daß wir beide wegmußten und unsere Eltern verlassen sollten. Gott war wirklich nicht mit uns. Daß man von ihm nichts erwarten durfte, war mir von vornherein klargewesen, jetzt begriff ich, daß er dafür gar nicht zuständig war. Es kam mir plötzlich obszön vor, ihn um etwas zu bitten. Wenn die eisige Kälte der Maria-Magdalenen-Kirche, auf der sonntags die Hakenkreuzfahne wehte, etwas mit Gott zu tun hatte, dann war das der Beweis dafür, daß er nichts als Abwesenheit sein konnte. Erst sehr viel später entdeckte ich den gedanklichen Taumel, der sich hinter dem Wort »Gott« verbirgt, so als müßte man nur seinen Namen nennen, und alle Probleme wären gelöst.

Von der trockenen Verzweiflung des Abschieds überwältigt, dachte ich nicht mehr darüber nach. Das Licht, die Pracht von Florenz, die Spiele in der toskanischen Landschaft taten ein übriges und verdrängten eine Zeitlang alles andere – sogar den Trennungsschmerz. Im März 1939 kam die Angst wieder hoch. Wir mußten aus Italien, das schließlich auch dem Rassenwahn verfallen war, fliehen. Frankreich nahm uns auf.

Ich wurde in ein Heim in Hoch-Savoyen gesteckt, 1240 Meter über dem Meer. Die Aussicht war prachtvoll, unermeßlich, das Regime drakonisch und körperliche Züchtigung die Regel.

Die Heimleiterin war praktizierende Katholikin und vor allem Nymphomanin, eine hervorragende Latinistin und Meisterin im Umgang mit Haselgerte und Birkenrute. Ich besuchte den evangelischen Gottesdienst, den ein aus der Stadt angereister Pfarrer einmal im Monat beim Direktor eines Luxushotels oberhalb des Dorfes abhielt und dessen Nüchternheit sie beeindruckte. Pastor Chapal wußte Bescheid. Er versuchte, eine Unterkunft für uns aufzutreiben, doch häufige Ortswechsel wurden allmählich gefährlich. Er predigte über Christus, der die Verfolgten, Schwachen, Verbannten in Schutz nahm. Ich fand das sehr schön. Manchmal schaute er mich an, und in meinem Dünkel meinte ich, er habe in mir einen Auserwählten erkannt, ein Kind, das der Gnade teilhaftig war, was meine narzißtische und ziemlich perverse Inbrunst nur um so stärker machte. Mit Entzücken weihte ich die vielen Rutenhiebe auf den nackten Hintern dem Herrn. Ich schwelgte in Frömmigkeit und Aufopferung, einer Art kindlich konfusem Deismus zwischen Weihrauch und Protestantismus, zwischen Erbauung und Heiligenleben; ich sang

Veni Creator, betete *Gelobt seist du, Maria* und pinkelte jeden Abend ins Bett, obwohl ich schon über fünfzehn war. Das trug mir neue Sitzungen mit heruntergelassener Hose ein, Schläge »auf den Blanken«, die ich dem Herrn darbot, damit er mir das Leben rettete, denn ich wußte mittlerweile genau, was mir bevorstand.

Doch die Heimleiterin, Marie-José Lucas, war auch eine echte Widerstandskämpferin. Wie der Gendarm Marcel Hulot, der sie 1943, als die Nazihorden die nachlässige italienische Besatzung ablösten, vor einer Razzia der Deutschen warnte, die schon den Berg hochkamen, nahm sie ohne zu zögern die Gefahr auf sich, meinen Bruder und mich zu verstecken; die Heimköchin hatte uns verraten, für dreihundert alte Francs.

Mein Bruder kam zu Abbé Ravanel, einem Résistance-Mitglied und katholischen Priester im savoyischen Dorf Crest-Voland, schloß sich zunächst dem Widerstand an und ging dann zur berühmten Division Leclerc, die am 24. August 1944 als erste Paris erreichte und gemeinsam mit der Résistance die Stadt von den Deutschen befreite. Ich war noch keine sechzehn und wurde auf einem abgelegenen Bauernhof untergebracht. Immer wieder kamen die Deutschen auf Skiern vorbei und verlangten »öh, pöah, fromasch« (œufs, beurre, fromage/Eier, Butter, Käse). Dann lag ich schreckensstarr im Heu versteckt und betete zu Gott, er möge mich beschützen, war aber so überwältigt von der Angst, daß ich unfähig war, irgend etwas zu formulieren.

Kaum waren die Deutschen wieder weg, stürzte ich mich begeistert auf den einzig vorhandenen Lesestoff: Stapel des *Bulletin des Missionaires de Notre-Dame-de-la-Salette* und des *Pèlerin**, Schriften, deren Titel oft Bilder gefolterter Missionare in Afrika zierten und deren Dummheit sich nur noch mit ihrer Verlogenheit messen konnte. Ich verschlang sie dutzendweise. Ich las Geschichten von jungen Christen, die man an Türen genagelt hatte, ich wurde zu Sankt Cyrill oder Sankt Dometius, die als Vierzehnjährige

* Notre-Dame-de-la-Salette, ein katholischer Wallfahrtsort, wurde ebenso wie die reaktionäre und antisemitische Zeitschrift »Le Pèlerin« (der Pilger) Ende des 19. Jahrhunderts gegründet, um gegen die »liberalen Ideen« Front zu machen.

nackt vor den Menschenmassen im Amphitheater zu Tode gefoltert wurden. Ich fand mich ziemlich interessant, und je greifbarer die Gefahr wurde, desto mehr versetzte ich mich in die jungen Märtyrer. Beim Kühehüten predigte ich den umstehenden Tannen Gott. Ich sah ihn überall. Von meiner Anmaßung zum Äußersten getrieben, stellte ich mir vor, wie ich von den Deutschen verhaftet wurde und den verblüfften Deportierten Predigten hielt, die sie ob der großen Frömmigkeit einer so jungen Seele beruhigten. Meine eitle Schwärmerei machte mich zu einem Ungeheuer – eine häufige Folge der Frömmigkeit, nur daß meine auch noch eingebildet war.

Ich hielt mich für nichts weniger als für eine Art Vize-Christus, der als Zeuge Gottes dem Martyrium geweiht war. Manchmal erschrak ich selbst vor meinem Dünkel und sagte mir, daß ich es wohl irgendwie verdient hätte, wenn sie mich verhaften kämen. Vielleicht war es aber einfach nur meine Art, spielerisch mit dem Elend und der entsetzlichen Angst umzugehen. Gleichzeitig wurde ich von den Umständen in der Illusion bestärkt, ein wahrhaft gläubiges Kind zu sein.

Dem Bauern, der mich versteckte – er trug den Namen Denis Morand –, war natürlich vollkommen klar, daß man mich suchte, und ich wurde mir mehr und mehr meiner jüdischen Identität bewußt. Meine Existenz war davon bestimmt, daß ich Christ und daß ich Jude war, da ich aber nicht genau wußte, was »Jude« bedeutete, wurde das gleichsam eins mit mir, vermischte sich mit der simplen Tatsache, daß ich lebte und auf der Welt war; »Jude« zu sein hieß also für mich nichts anderes, als daß man mich töten wollte, weil ich existierte. Ich war »jüdischer Herkunft«, wie es hieß, aber ich war vor allem ein Christenkind. Ich sah darin nichts Widersprüchliches, im Gegenteil, das eine stützte sich auf das andere, und ich fühlte, daß jedes Menschenleben etwas Heiliges war. Ich war davon überzeugt, daß der Nazismus unweigerlich besiegt würde. Aber ich ahnte auch, daß dieses mörderische Heidentum tief im Grund des Christentums wurzelte.

Unterdessen war es Ende Mai 1944 geworden. Ich wußte nun fast alles von der Arbeit auf dem Bauernhof, ich konnte melken, Kühe striegeln und hüten, Kartoffeln anbauen, Gemüse ernten, Holz stapeln.

In den *Bulletins de Notre-Dame-de-la-Salette* war ich auf einen Bericht über das Leben des heiligen Benoît-Joseph Labre gestoßen, die erstaunlichste Geschichte äußerster Selbstreduktion, die mir je untergekommen ist. Noch nie war jemand auf diesem Weg, den ich für den Weg zu Gott hielt, so weit gegangen wie er. Er wollte leiden oder besser: schwelgte im Leiden und bettelte sich ins Elend hinein. Er gewann Substanz aus seiner Erniedrigung – ein extremer Hochmut, der mich faszinierte und dem ich nacheifern wollte. Fast trauerte ich den Schlägen im Heim nach. Was mich jedoch instinktiv erschreckte, war seine absolute Kompromißlosigkeit, seine grundsätzliche Intoleranz, seine vollkommene Ablehnung jedes anderen Denkens. Das legte sich wie ein schrecklicher Schatten über seine »Barmherzigkeit«, die vielleicht gar keine war.

Ich war so versunken in meine »geistlichen Exerzitien«, daß mir nicht sofort klar wurde, was die Landung* der Alliierten am 6. Juni 1944 bedeutete. Es dauerte zwei, drei Tage, bis ich verstand, daß die Befreiung nahte, und Morand erkannte, daß ihm und seiner Familie die Deportation sicher war, wenn er mich dabehielt. Immer mehr Deutsche und Milizionäre** durchstreiften das Gebirge. In seiner Angst schickte er mich ins Heim zurück, wo mir die Verhaftung, vielleicht der Tod drohte.

Die Heimleiterin wußte in ihrem Schrecken gar nicht mehr, wo ihr der Kopf stand, und rief den Dorfpfarrer zu Hilfe, einen notorischen Kollaborateur, der aus dieser Tatsache nicht einmal ein Hehl machte. Der wandte sich an seinen Vikar, einen ehemaligen Missionar in China, der einen Vetter in der Umgebung hatte. Dieser war es, der mich schließlich versteckte und seine Familie damit in äußerste Gefahr brachte, und er

* Noch heute wird in Deutschland unverschämterweise von der »Invasion« der Alliierten gesprochen, wo es um die Befreiung Europas ging.

** Die französische Miliz, 1943 vom Vichy-Regime aufgestellt, war eine Art französische SS und besonders geübt im Morden und Schlachten.

hat nicht nur mich versteckt. Sein Name war François Allard. Wie man sieht, verdanke ich mein »Überleben« einer ganzen Reihe von Menschen.

Heute kann man kaum ermessen, mit welcher Freude ein Junge, der, obwohl er »rechterdings« in Rauch aufgehen oder zu Seife hätte werden sollen, 1944 die Befreiung gesund und munter erlebte und leidenschaftlich willkommen hieß, sich schwärmerisch dem Leben hingab, dem Sichtbaren um ihn, Bergen, Menschen, und sich am alltäglichen Wunder des Seins berauschte. Ohne allzu schlechtes Gewissen kostete ich die simple Tatsache aus, daß es mich gab, und genoß die Wollust am Leben und meine neue Leibwerdung.

Als ich im September 1944 ins Heim zurückkehrte, wollte ich mich natürlich erkenntlich zeigen. So suchte ich auch den Vikar auf und überschlug mich fast mit meinen Dankesbezeugungen. Nicht daß er Druck ausgeübt hätte, doch meine Dankbarkeit und die ständige Nähe zum Katholizismus drängten mich dazu, ihm gegenüber den Wunsch äußern, zum Katholizismus zu konvertieren. Auch die Heimleiterin, der bei meiner Rückkehr aufgefallen war, daß ich mich »dem Guten zugewandt« hätte, ermutigte mich dazu. Und das war ich den beiden doch wohl schuldig.

Mademoiselle Lucas war meine Mademoiselle Brun. Diese hatte die Brüder Finaly vor Razzien und Deportation bewahrt und sie nach der Verhaftung ihrer Eltern bei sich aufgenommen, um kleine Christen aus ihnen zu machen. In den fünfziger Jahren des vergangenen Jahrhunderts verursachte das in Frankreich eine ungeheure Entrüstung, die Familie forderte, daß die Kinder zum Judentum konvertieren und nach Israel immigrieren sollten. Viel Lärm um recht wenig, wo doch der Talmud sagt: Wer ein Leben rettet, rettet die ganze Menschheit, und in diesem Fall kam eben Fräulein Brun dem Talmud am nächsten, selbst wenn sie die Kinder bekehren wollte, zu welchem Glauben auch immer, das kommt auf das Gleiche hinaus. Kein Mensch ist wertlos genug, einem Bekenntnis geopfert zu werden, und keine Religion der Welt ist auch nur ein einziges Menschenleben wert.

Meine »Bekehrung« machte mich natürlich interessant, und doch begann ich an dem Gegenstand meines Glaubens zu zweifeln. Unter dem gerührten Blick der entzückten Nonnen wurde ich im Sankt-Josephs-Kloster zum zweiten Mal getauft, und zwar auf den Namen Jean-Paul (weil ich behauptet hatte, das Johannes-Evangelium und der Korintherbrief seien meine derzeitige Lieblingslektüre). Einer meiner älteren Mitschüler fand sich bereit, den Taufpaten zu spielen. Den Taufschein in der violetten Lederbrieftasche in meinem Fach, unter meinen Siebensachen, die während meiner Abwesenheit sorgsam gehütet worden waren, erwähnte ich lieber nicht, das hätte das Interesse an mir wohl schrumpfen lassen. Die ganze Taufe war ein großer Schwindel, reine Aufschneiderei. Mir war natürlich vollkommen klar, daß man nicht zweimal getauft werden konnte, aber da für dieses eine Mal der oberen Hälfte meines Körpers die Ehre erwiesen wurde und man die untere in Ruhe ließ ...

Ich hatte Pastor Chapal von meiner Absicht geschrieben und bald darauf einen langen, herzlichen Brief von ihm erhalten, der einige Fragen aufwarf. Er ließ sich nicht so leicht an der Nase herumführen und wunderte sich vermutlich über die Komödie, die ich da spielte. Die Bedeutung aber, die er meiner »Entscheidung« beimaß, zeigte mir, wie ernst er die ihm anvertrauten Seelen nahm. Damals wußte ich noch nicht, wie wenig der edelmütige und höchst großzügige französische Protestantismus mit der lutherischen Gewalttätigkeit zu tun hat. Mein Katholizismus war nichts als Pose, bloße Inbrunst ohne Gehalt.

Eifrig ging ich zur Messe, zur Marienandacht und zur Vesper. Ich schwärmte für den Duft des Weihrauchs, begeisterte mich für die kleinen Meßdiener und liebte sogar die liturgischen Texte. In einer Art kindlichem Pantheismus sah ich überall den lieben Gott. Ich hatte mir in den Kopf gesetzt, tugendhaft zu werden, allen ein Beispiel zu geben, was unweigerlich in der Katastrophe enden mußte. So konnte sich Mademoiselle Lucas getrost wieder der Rute widmen.

Zu jener Zeit war die Verfolgung des »Lasters« die einzige Obsession der Erwachsenen, Selbstbefriedigung galt als die schlimmste Sünde wider Gott, aber glücklicherweise trug das »Laster« doch von Bett zu Bett den Sieg davon. Wenn wir dabei überrascht wurden, allein oder zu zweit, fiel die Strafe, im Namen Gottes, entsprechend aus. So holte ich mir oft selbst die Instrumente meiner köstlichen Martern aus dem Unterholz, um mich dann schreiend und nackt in meiner Heiligkeit zu wälzen.

Meine Mitschüler nannten mich den »malträtierten Missionar«*. Doch ich war ein aufrichtiger Schwindler. Es dauerte noch eine Weile, bis ich begriff, daß das, was ich für christliche Frömmigkeit hielt, nur narzißtische Selbstgefälligkeit war. Dann kam die Firmung mit der Erstkommunion. Ich empfand dabei nicht allzuviel, und danach war es sonderbarerweise und ohne daß ich es sofort bemerkt hätte mit dem Myste-

* Im Französischen heißt das »le missionaire fessé«, was viel lustiger und unernster klingt als im Deutschen (wörtlich »der geprügelte, geschlagene Missionar«), weil das Französische den entsprechenden Körperteil betrachtet, »la fesse«, ein heiteres, erotisiertes Wort, während das Deutsche sich mehr mit dem Vorgang selbst und den dazu nötigen Werkzeugen beschäftigt.

rium vorbei. Das unlogische, hinkende Denken, das sich für mich in der Vorstellung der Transsubstantiation offenbarte, dazu dieser Hauch von Kannibalismus mit der pappigen Oblate auf der Zunge, führten dazu, daß der »Glaube« für mich jegliche Substanz und Legitimität verlor und der Zweifel in mir zu bohren begann.

Mir war ein Werk der Apologetik in die Hände geraten, und da ich nun einmal vor nichts zurückschreckte, begann ich »Theologie« zu treiben, was mir tatsächlich gefiel. Die Spitzfindigkeit und Wendigkeit der Argumentation, die Winkelzüge und Ausflüchte des Denkens, das plötzliche Verstummen und Sich-Entziehen irritierten mich und hätten meinen Geist dem Zweifel öffnen sollen. Doch wie der Abbé, dem man mich anvertraut hatte, war ich zunehmend davon überzeugt, daß ich »berufen« sei. Ich wollte Priester werden.

Ich war beinahe siebzehn, ich bebte vor Inbrunst, ich steckte mir spitze Steinchen in die Schuhe, ich ließ mich trotz meines Alters noch in die Ecke schicken, wo ich auf einem vierkantigen Lineal knien mußte, ich wurde vor aller

Augen bestraft und mußte mich auf Knien dafür bedanken. Das war für mich der Gipfel des Entzückens, Gott, was war ich für ein interessanter Knabe, eines Tages würde ich mindestens seliggesprochen werden. Meine jugendliche Torheit war auf dem Höhepunkt. Meine Verwirrung blieb mir ein Rätsel. Ich träumte davon, das »kleine« Priesterseminar in Thônes zu absolvieren, weil dieser Ort für die besondere Strenge seiner Disziplin bekannt war, ich sah mich dort schon knien im kurzen Büßerhemd, wollüstig hingegeben dem Schmerz und der Scham. Die Rutenstrafen erregten mich, sie steigerten meine Inbrunst und offenbarten mir das Begehren.

Das waren meine ersten Schritte im Rätselreich des Denkens. Gott, das war das Unfaßbare, das Undenkbare. In der Dorfkirche standen die drei hebräischen Buchstaben im Dreieck über dem Altar, als müßte man wenigstens eine Spur des Ursprungs bewahren, und es war, als hätte ich, ohne es zu wissen, aus all den unangemessenen, unzugänglichen oder bewegenden Zeichen diesen Ursprung herausgelesen. Ich weiß immer noch nicht, woher es kam, daß ich mir als

Jugendlicher jenes undenkbaren Grenzenlosen, jenes Unendlichen, das ich im Erschauern des Leibes zu ahnen begann, so gewiß war. Ich hatte mich sogar schon schriftlich darüber verbreitet: Zugleich mit allem Existierenden war das Nichts allgegenwärtig, das Nichts bis ins Unendliche. Meine ganze freie Zeit verbrachte ich damit, hundert durch neun zu dividieren, fasziniert von der Mathematik, von der ich absolut nichts verstand, außer daß sie geradewegs ins Unendliche führte.

Ein fehlender Gott

Im Februar 1945 wurden im Dorf die ersten Fotos von Konzentrationslagern plakatiert. Entsetzen ergriff mich. Auf einmal wurde mir bewußt, daß auch die Menschen, die mich beschützt und gerettet hatten, noch immer vom »Volk der Gottesmörder« sprachen, und das erschien mir so infam wie absurd, daß mir graute. Die Tatsache, daß eine solche Verirrung des Denkens überhaupt formuliert werden kann, ist ein vernichtendes Urteil gegen die gesamte vorgeblich christliche Theologie, von der nicht nur der »Glaube«, sondern auch die Sprache in ihrer gesamten Logik und Grammatik bestimmt ist, genauso wie die Shoah ewige Verdammnis für den Okzident bedeutet. Ich jedenfalls war im Handumdrehen von den Märchen, die man mir erzählt und die ich willig geglaubt hatte, endgültig und unwiderruflich kuriert.

Kaum zurück von den Bauernhöfen, wo ich ein Jahr lang versteckt worden war, stürzte ich mich gleich wieder in die Lektüre. Mein Abbé gab mir *Le mystère des Saints Innocents (Das Mysterium der Heiligen Unschuldigen)* von Charles Péguy zu lesen, deren rauhe menschliche Größe mich faszinierte. Er erklärte mir die Dreyfus-Affäre und wie Péguy erst an der Seite von Bernard Lazare und später dann gemeinsam mit Jean Jaurès und Émile Zola für die Gerechtigkeit eingetreten sei.*

Es hatte schon den Donnerschlag Pascal gegeben, dann die Entdeckungen von Rousseau, Kafka und viel später endlich Descartes. Diese Autoren hätte man verbieten sollen, statt sich

* Der Artilleriehauptmann im Generalstab Alfred Dreyfus (1859–1935) wurde des Hochverrats angeklagt, wahrscheinlich um eine wichtige Person im Kriegsministerium zu decken. Als Jude eignete sich Dreyfus hervorragend zum Sündenbock und wurde in einem ungerechten und skandalösen Prozeß 1894 verurteilt. So kam es zur Dreyfus-Affäre, einem Hauptmoment der französischen Geschichte. Dem Protest des Schriftstellers Charles Péguy, des Journalisten Bernard Lazare und vor allem des Politikers Georges Clemenceau schloß sich halb Frankreich an. 1906 wurde Dreyfus rehabilitiert.

mit der Verbannung aufgeklärter Geister wie Voltaire und Diderot abzugeben, die offenbar nie von existentiellen Perversionen oder Fragen heimgesucht worden waren. Bei Pascal und Rousseau dagegen oder auch bei Kafka fühlt man den Taumel und das Staunen, daß man überhaupt ist, und die *Bekenntnisse* Jean-Jacques Rousseaus machen jeden Leser zu seinem Mitwisser wie zu dem aller anderen Menschen.

Der ebenso groteske wie verbrecherische Begriff »Volk der Gottesmörder« führte mir mit einem Schlag die Nichtigkeit meiner Glaubensinhalte vor Augen. Alles, was ich darüber gelesen hatte, war von einem offensichtlichen Zynismus des Denkens geprägt. Auf besonders dumme und pathetische Weise wurden diese mörderischen Redensarten, die damals, wie ich sehr wohl wußte, noch das Wesen der katholischen Theologie ausmachten, von dem armen Daniel Rops in *Jesus en son temps* wiedergekäut – und das 1946, als allmählich das ganze Ausmaß der Shoah erkennbar wurde.

Der große Historiker Jules Isaac wies 1962 auf das Unlogische und Kriminelle dieser »Lehre der Verachtung« *(L'enseignement du mépris)* hin.* Die Christenheit war einer wahren antijüdischen Hysterie verfallen; sie hatte sich in diese Falle gestürzt, um sich selbst und ihrer eigentlichsten Bestimmung, der Barmherzigkeit, zu entkommen. Doch wie hätte es möglich sein sollen, Gott zu töten? Wenn man ihn töten konnte, war er Mensch, und keiner konnte wissen, daß er »Gott« war, der »menschgewordene Gott«. Wie sollte man dann etwas anderes in ihm sehen als den Menschen? Aus dieser logischen Verirrung gibt es keinen Ausweg, das hat Pascal sehr schön gesagt: *»Indem sie erprobten, ob er Gott sei, zeigten die Juden, daß er Mensch war«* (*Pensées,* 763, Éd. Brunschvicg). Wie konnten sie also Gottesmörder sein? Und doch war mir bewußt, daß diese furchtbare, dummdreiste Anschuldigung gegen die Juden deren Verfolgung und auch Auschwitz

* Nachdem seine Familie deportiert worden war, überlebte Jules Isaac im Widerstand. Er wurde als Verfasser der Geschichtsbücher für die öffentlichen Lehranstalten der Französischen Republik berühmt. In seinem sehr beachteten Buch *Jesus et Israël* (1959) widerlegte er die verbrecherische, absurde Anklage des »Gottesmords«.

erst ermöglicht, vielleicht sogar begünstigt hatte. Sie löschte für mich alles andere, alles, was ich erhofft hatte, aus.

Immer wieder las ich Pascal. Er »reparierte« sozusagen im voraus diesen Haufen Albernheiten, die ich in meiner jugendlichen Verwirrung nicht hatte wahrnehmen wollen. *»Hätte ein einziger Mensch in einem Buch prophezeit, wann und wie Jesus Christus erscheinen würde, und wäre Jesus Christus wirklich dieser Weissagung gemäß gekommen, dann wäre dies von ungeheurer Kraft. Doch hier geschieht weit mehr. Es ist eine ganze Reihe von Menschen, die beständig und unverändert einander folgen, viertausend Jahre lang, um einer nach dem anderen dieses Ereignis anzukündigen. Es wird von einem ganzen Volk vorhergesagt, das seit viertausend Jahren existiert und leibhaftig die Zusagen bezeugt, die ihm gemacht wurden, ohne sich durch Bedrohung oder Verfolgung gleich welcher Art davon abbringen zu lassen: Dies ist von ganz anderem Ausmaß (710).«* Es gibt ungefähr vierzig Stellen dieser Art in den *Gedanken* Pascals, der mich an meine Herkunft erinnerte und diese Bindung festigte. Das ermöglichte mir den Bruch.

Jäh und endgültig brach ich die Suche nach jenem bewiesenen und definierten Gott, den man mir vorgesetzt hatte, ab. Die Dreieinigkeit erschien mir als Hirngespinst, als unbeholfene Zusammenstellung von Unmöglichkeiten, falsches Mysterium, Ungereimtheit der Gehorsamsmystik, und der uneingestandene Kannibalismus der Transsubstantiation stieß mich ab.

Mir war völlig klar, daß das Hauptproblem der Gottesidee der Raum ist, den sie im menschlichen Denken einnimmt, ein Problem, das schon von allen Seiten beleuchtet wurde. Davon auch nur einen kurzen Abriß geben zu wollen wäre ein ähnlich aussichtsloses Unterfangen wie eine Abhandlung über die Liebe in der Weltliteratur. Das Entscheidende ist die enorme Beständigkeit dieses Problems. Daß diese Frage die ganze Geschichte der Menschheit durchzieht, zeigt ihre Unbeantwortbarkeit: Die Gottesidee absorbiert sich selbst, um sich ständig neu zu gebären. Von welcher Seite man sich ihr auch nähert, sie geht immer in sich selbst auf. Dieses Problem sollte mich noch länger beschäftigen. Ich hatte meinen Glauben verloren, doch meine innere Gewißheit war unversehrt. Was blieb, war das alltägliche Wunder meiner Existenz, der Jubel darüber, daß ich existierte, denn jeder Tag des Lebens war wie ein Geschenk, und ich staunte jeden Tag aufs neue darüber, am Leben zu sein. Dazu kam das allen Menschen gemeinsame Bewußtsein, Mensch zu sein und die wunderbare Fähigkeit des Denkens zu besitzen. Diese innere Gewißheit braucht keinen Gegenstand und kein Bekenntnis. Man kann glauben, ohne gläubig zu sein. Wahrer Glaube braucht keinen Gott. Und wenn eben das Gott wäre, diese grundlose, gegenstandslose innere Überzeugung, das Seinsgefühl, wie Rousseau es nannte? »Der Geist wird erst frei, wenn er aufhört, Halt zu sein«, schreibt Kafka 1920 in seinen *Betrachtungen über Sünde, Leid, Hoffnung und den wahren Weg.* Und genauso verhält es sich auch mit diesem Gefühl, das nichts als sich selbst enthält, *»le sentiment de l'existence«,* diese innere Wahrnehmung der Existenz.

Die Schöpfungsmythen wurde ich leicht los. Seit der kopernikanischen Wende sind sämtliche Kosmogonien unglaubwürdig. Gott hat nun einmal die Welt nicht erschaffen, und das spricht immerhin für ihn. Kein auch nur halbwegs vernunftbegabtes Kind kann an einen Gott als Schöpfer und Ursprung des Universums glauben, wenn es nicht in einem vollkommen undurchdringlichen familiären und religiösen System eingeschlossen ist. Nichts ist so grotesk und verjährt wie die Vorstellung von einem Uhrmacher-Gott, der im Marathon-Tempo die Welt montiert.

Es ist kein Zufall, daß der Gottesbegriff früher in erster Linie Welterklärung war. Das Kind erfuhr die Welt durch die Schöpfungslehre und lebte in einer Harmonie des Ganzen, in dem alles seinen Platz hatte. Michel Foucault hat das wunderbar erklärt: *»Das ganze Volumen der Welt, alle übereinstimmenden Nachbarschaften, alle Echos der aemulatio, alle Verkettungen der Analogie werden unterstützt, aufrechterhalten und verdoppelt durch jenen Raum der Sympathie und Antipathie, der die Dinge unablässig einander annähert und sie auf Entfernung hält. Durch dieses Spiel bleibt die Welt identisch, die Ähnlichkeiten sind weiterhin, was sie sind, und bleiben einander ähnlich. Das Gleiche bleibt das*

*Gleiche und in sich geschlossen.«** Besser kann man den Ort der Gottesidee in der Entstehung der Welt kaum bestimmen.

Daß eine Religion sich brüsten konnte, als einzige im Besitz der Wahrheit zu sein, kam mir lächerlich und furchterregend zugleich vor. Die Frage nach der Wahrheit beantworten heißt sie aufheben, doch das wird den Religionen, sosehr sie sich auch darum bemühen, sich an die Stelle dieser Frage zu setzen, nie gelingen. Schon ihr Anspruch, im Besitz der Wahrheit zu sein, widerlegt sie. Denn was ist das für eine Wahrheit, die von sich behauptet, eine zu sein? Die Gottesidee ist stets mit der Idee der Wahrheit verknüpft. Wenn es aber »Wahrheit« gibt, ist sie unendlich, also unfaßbar (weil sie ganz in sich aufgeht, alles in sich aufnimmt und alles in ihr aufgeht). Eine »Wahrheit«, die behauptet, eine zu sein, setzt die Idee Gottes herab, weil in ihr die Möglichkeit der Unwahrheit gegeben ist. Über

* Michel Foucault, *Die Ordnung der Dinge.* Eine Archäologie der Humanwissenschaften, a. d. Franz. von Ulrich Köppen, Frankfurt/M. 1974, S. 55 f.

Wahrheit zu sprechen setzt den Irrtum voraus, und das bedeutet, daß man auch an Gott zweifeln kann und muß. Wenn Gott existierte, gäbe es weder Wahrheit noch Zweifel, dann gäbe es nichts außer Gott.

»Die Wahrheit ist unteilbar, kann sich also selbst nicht erkennen; wer sie erkennen will, muß Lüge sein«, schreibt Kafka in dem oben zitierten Text. Sollte es eine »Wahrheit« Gottes geben, wäre sie unsagbar, unerkennbar, unnahbar und sprachlich unfaßbar. Ich ahnte, daß die Gottesfrage notwendig in der Luft hängt, daß sie, nicht unterbrochen noch aufgehoben, nicht beantwortet noch unbeantwortet, in der Schwebe der Worte bleiben muß. Daß sie wie jede wahre Frage alle Antworten aufhebt und sich selbst zurücknimmt. Je mehr mein Denken sich festigte, desto weiter entfernte es sich von diesem Gott und dessen zufälligen Bestimmungen.

Gott einer Definition zu unterwerfen, ja, ihn mit »Er« anzusprechen oder ihm Eigenschaften, und sei es das Absolute, zuzuschreiben, heißt schon, ihn auf ewig – nein, nicht verloren zu haben, denn er kann genausowenig verloren wie gefunden werden, heißt im Leeren zu denken oder besser noch zu träumen. Die Aussage: »Gott ist unendlich gut« für sich genommen ist schon eine logische, wenn nicht sprachliche Absurdität. Wie sollte Gott denn wesenhaft menschliche und als solche erkennbare Eigenschaften haben? Wäre dem so, dann wäre er als Mensch identifizierbar und als solcher Gegenstand der Erkenntnis. In der Theologie wird oft so getan, als könnte man durch das Denken Zugang zu Gott erlangen oder durch die Sprache und deren verbale Organisation, als könnte man von einem »guten« wie von einem »bösen« Gott sprechen. Dabei wüßte man, wenn Gott existierte, nicht einmal, ob man sich solche Fragen überhaupt stellen könnte.

Mir wollte nicht recht einleuchten, aus welchen Elementen Gott wohl bestehen sollte und wie es möglich wäre, ihm eine »Natur« oder gar Attribute wie »unendliche Güte« zuzuschreiben. Gott Eigenschaften zu verleihen hieß, ihn zu einem menschlichen Begriff, einer Idee zu machen, und wie hätte »Gott« wirklich sein können? Allen klugen Köpfen zum Trotz blieben diese Ungereimtheiten bestehen. Es gab da etwas Ungreifbares, aber was war es? Die Frage, ob es Gott denn gebe, schien sich ständig selbst aufzuheben und immer wieder neu zu stellen, sie war wie ein Aal unter einem Stein, der einem ständig aus den Fingern glitscht und sich nicht packen läßt. Selbst wenn die Widerlegungen wissenschaftlich untermauert, mathematisch abgesichert und unbestreitbar wären, würde die Frage weiterhin gestellt. Nichts, nicht einmal der Beweis seiner Nichtexistenz, würde die Frage nach der Existenz Gottes überflüssig machen. *Credo quia absurdum,* hat man uns bis zum Überdruß eingetrichtert. Aber nicht das *Credo* ist das Spannende an diesem Satz, sondern das Absurde und die Beharrlichkeit, mit der man es verfolgt, als ginge es in Wirklichkeit um etwas ganz anderes, als hätte ein gewisser offensichtlicher Zynismus der Sprache die Aufgabe, das Denken daran zu hindern, durch die Sprache einen Zugang zu sich selbst zu finden, oder besser, als wäre das Denken nichts anderes als diese Selbstunzugänglichkeit (womit wir uns wieder vage dem Gottesproblem genähert hätten). Doch eine solche Sprache ist ungeachtet ihrer Inhalte nur eine Spiegelung des Sprechenden und nur dadurch Sprache, daß der andere sie spricht, sie läßt sich nicht auf etwas Endgültiges reduzieren, *»da sie sich auf das bezieht, was in keinem Bewußtsein enthalten sein kann, auf das Unendliche des anderen«,* schreibt Emmanuel Lévinas in *Totalität und Unendlichkeit.*

Nicht in dieser Richtung galt es zu suchen, weil da ohnehin nichts zu finden war. Begeistert hatte ich mich auf die Entdeckung Rousseaus gestürzt, meine Verwirrung war der seinen ähnlich, ich spürte das gleiche *»Seinsgefühl«* wie er und jeder andere Mensch, diese Selbstkonstatierung, die nichts weiter feststellt als sich selbst, diesen unendlichen Punkt ohne Ausdehnung, ohne Inhalt, der nur eben dieser Punkt ist. Das gesamte menschliche Denken strebte stets zu diesem letzten Punkt, diesem ganz schlichten und doch unerreichbaren Punkt, denn *»in jenem Punkt ist etwas Einfaches, etwas unendlich Einfaches, etwas so außerordentlich Einfaches, daß es dem Philosophierenden nie gelang, es zu sagen. Er konnte, was er im Kopf* *hatte, nicht ausdrücken, ohne seine Formulierung sofort verbessern zu müssen und dann seine Verbesserung zu verbessern«,* schreibt Bergson in *Denken und schöpferisches Werden.*

In *Émile,* einem vermeintlichen Erziehungsroman, der aber weit mehr ist als das, sucht Rousseau sich auch der Bürde einer aufgezwungenen Gottesidee (jede Gottesidee ist aufgezwungen und vererbt) zu entledigen. Er macht in diesem Buch Gott für jedermann zugänglich, indem er ihm einfach einen anderen Namen gibt: Er nennt ihn »Selbstliebe«, was nur ein anderer Ausdruck für das »Seinsgefühl« ist. Und wenn diese Selbstliebe, die nichts mit der »Eigenliebe« gemein hat, nichts anderes wäre als das, von dem der Begriff eines als solchen öffentlich ausgerufenen Gottes uns immerzu abbringt?

Im vierten Buch, dem berühmten *Glaubensbekenntnis eines Vikars aus Savoyen* (der ein Landsmann des feinsinnigen Franz von Sales war), schreibt Rousseau: *»Ich existiere und habe Sinne, durch die ich berührt werde. Das ist die erste Wahrheit, die mich betrifft und der ich mich fügen muß.«*

Ein paar Seiten vorher findet sich folgendes: »*Die Quelle unserer Leidenschaften, Ursprung und Prinzip aller anderen, die einzige, die mit dem Menschen geboren wird und ihn nie verläßt, solange er lebt, ist die Selbstliebe: eine primitive, angeborene, allen anderen vorangehende Leidenschaft, von der die anderen in gewissem Sinne nur Modifikationen sind.*«

Der Zufall wollte, daß ich wenig später Angelus Silesius entdeckte, einen der großen deutschen Mystiker des 17. Jahrhunderts, dessen *Cherubinischer Wandersmann* an Pascal erinnert. Wie Pascal kam er in enge Berührung mit der jüdischen Mystik seiner Zeit, und wie Jakob Böhme, dieser andere große Mystiker, war er stark beeinflußt vom jüdischen Nachdenken über Gott. Alle europäischen Intellektuellen kannten es, es war eine wichtige Quelle ihres eigenen Denkens, worauf Gershom Scholem hinweist, der im 20. Jahrhundert als erster die jüdische Mystik wirklich erforscht hat. Angelus Silesius schrieb in seinem *Cherubinischen Wandersmann,* der aus einer Folge von Distichen besteht:

»Gott ist ein lauter Nichts, ihn rührt kein nun noch hier.
Je mehr du nach ihm greifst, je mehr entwird er dir.«
Oder:
»In Gott wird nichts erkannt: Er ist ein einig Ein.
Was man in ihm erkannt, das muß man selber sein.«
Und schließlich:
»Gott ist, was er ist: Ich bin das, was ich bin:
Doch kennst du einen wohl, kennst du mich und ihn.«

Ansonsten schwelgte ich in der Begeisterung darüber, daß ich lebte, daß ich meine Existenz fühlen konnte, und wurde von sonderbaren, verwirrenden Begierden umgetrieben. Dieses Seinsgefühl war machtvoller als jeder Glaube. Eine schwer zu beschreibende Erregung befiel mich, als ich viel später Descartes zu lesen begann, der mit einer verblüffenden Methode und einer wahrhaft beispiellosen geistigen Konzentration entzifferte, was Pascal entdeckt hatte.

Und wirklich fand ich bei Descartes die letzte Bestätigung der unumgänglichen Selbstpräsenz jenes anonymen Selbst, das jeder mit allen teilt, und zwar durch die wunderbare Entdeckung des *»Ich bin, ich existiere«* der zweiten *Meditation.* Was ist dieses »Ich bin«, das ich von Anfang an im anderen erkenne, denn anderes als das hingerissene Staunen über meine Existenz? Inwiefern läßt es sich auf das *»Ich werde sein, der ich sein werde«* im 2. Buch Mose zurückführen? War dies ein erstes in Erwartung der eigenen Entdeckung aufgehoben gebliebenes Zeichen?

Das ist es, was alle Menschenwesen miteinander gemein haben: dieses Wunder, zu sein, das sich in keine Sprache übersetzen läßt, weil keiner, der sie spricht, aus der Sprache herauskann. Jacques Derrida hat das richtig erkannt, wenn er in *Die Schrift und die Differenz* schrieb: *»Die hyperbolische Kühnheit des cartesianischen Cogito, seine unwahrscheinliche Kühnheit, die wir nicht mehr als Kühnheit verstehen, weil wir im Unterschied zu seinen Zeitgenossen zu sicher sind, zu sehr an sein Schema gewöhnt, mehr als an sein intensives Erleben, seine unwahrscheinliche Kühnheit besteht also in der Rückwendung zu einem Urpunkt . . .«*

Im Grunde jedes Menschen liegt dieses unsagbare Selbst, der »Urpunkt«, die »unbeweisbare Identität«, durch welche ein jeder er selbst ist und der man Jahrtausende lang den Namen »Gott« gab, um das Individuum von sich ab- und zum Gehorsam gegenüber den gerade amtierenden Obrigkeiten anzuhalten.

Irgendwann stößt jeder Mensch auf den unerforschlichen, unendlichen Punkt, der er selbst ist, und diese Erkenntnis ist so unvermeidlich wie schwindelerregend. Die von Descartes und Rousseau gebahnten Wege sind in dieser Hinsicht noch kaum erforscht. Vielleicht ist es tatsächlich unsere Selbstpräsenz, der wir den Namen »Gott« geben. Sie wird aber immer nur hinter unseren Vorstellungen, Gedanken und Erlebnissen sichtbar. In seiner Einführung (Traktat) zur ersten Neuausgabe von Jacques Esprits *Über die Falschheit der menschlichen Tugenden* (1678) seit langer Zeit zeigt Pascal Quignard 1993, wie La Rochefoucauld den Satz seines Freundes Esprit: *»Nur Gott weiß, ob ein klares, ehrliches und anständiges Vorgehen eher ein Ergebnis der Rechtschaffenheit als der Gewandtheit ist«*, ummodelte. Er machte daraus: *»Niemand weiß, ob ein klares, ehrliches und anständiges Vorgehen eher ein Ergebnis der Rechtschaffenheit* *als der Gewandtheit ist.«** Das zeigt, wie weit das Denken des 17. Jahrhunderts im Herzen der christlichen Welt bereits war, bevor es sich in verschiedene Glaubensrichtungen religiöser oder politischer Art verlor.

Wieviel rätselhafter und erhabener als Gott ist doch für jedes Denken dieses unüberschreitbare, intime und anonyme Selbst, das jemand und niemand zugleich ist! Ich bin der einzige, der das »Ich« meines Ichs ist, jemand und niemand, der einzige, der mich existieren fühlt, auch diesseits des Ichs, zurückgeworfen auf die bloße, leere Feststellung, auf der alles beruht, die Selbstkonstatierung, die ich mit aller Welt teile. So steht jeder im Inneren dieses beständigen Wahrnehmungszirkels, den man überall mit hinschleppt und nirgends überschreiten kann. Die schwindelerregenden gedanklichen Dimen-

* *»Il n'y a que Dieu...«* (Esprit), *»Il n'y a personne...«* (La Rochefoucauld). Ein im Deutschen unübersetzbares Wortspiel, dessen sich auch Odysseus bedient, wenn er auf die Frage, wer er sei, mit »Niemand« antwortet, im Lateinischen persona, im Französischen personne, was Person und niemand gleichermaßen bedeutet.

sionen dieses Zirkels wurden bisher kaum ermessen, da niemand innen und außen zugleich sein kann oder schneller denkt als sein Schatten. Außerdem könnte ein solches Unterfangen von dem ablenken, was erwartet wird. Wer es versucht, verschwendet seine Zeit, statt auf Rentabilität zu achten, mit nutzlosem »Räsonieren«, dem unerschöpflichen Geheimnis seiner selbst verfallen, das noch unzugänglicher wäre als Gott, wäre es nicht Gott.

Nur Philosophen wagten hie und da den Versuch, in diesen Abgrund zu blicken, der so nah ist, daß er blendet und dadurch unsichtbar wird. Auch Pascal und Descartes haben sich, jeder auf seine Weise beunruhigt, über diesen Grund des Denkens geneigt, dessen Zugang durch seine Nähe verbaut ist, der verstörend ist und faszinierend und sicher spannender als jede Gottesidee. Allenthalben stoßen die Philosophen an diese Grenze, die sie selbst sind, als wäre der Mensch der Rand des Unendlichen. Der österreichische Philosoph und Mathematiker Ludwig Wittgenstein schreibt in seinen *Vermischten Bemerkungen: »Das Unaussprechbare (das, was mir geheimnisvoll er-*

scheint und ich nicht auszusprechen vermag) gibt vielleicht den Hintergrund, auf dem das, was ich aussprechen konnte, Bedeutung bekommt.« Ist das nicht viel aufregender als Gott, daß mein Innerstes auch mein Unaussprechlichstes ist?

Vielleicht sind einige nicht mitteilbare eigene Erlebnisse nötig, um jene »Seinstrunkenheit« zu empfinden, von der Wittgenstein spricht, besessen von dem Rand, der er selbst ist und über den er nicht hinauskommt, weil er in ihn übergeht.

Es gibt viel Unerforschlicheres als Gott, etwa die Selbstpräsenz jedes einzelnen, diesen namenlosen Jemand oder Niemand. Der Satz »Jemand ist« ist doch viel geheimnisvoller und erstaunlicher als die Behauptung »Gott existiert« (abgesehen davon, daß das Verb existieren im Zusammenhang mit Gott absurd erscheint). Gegenstand jeder Philosophie ist, wie wir bei Bergson gesehen haben, der konstante innere Punkt, der unauslotbarer ist als jeder Gott. Beim Lesen von Pascal, Kafka oder Gershom Scholem ist man ebenso überwältigt von der *»Selbstverschränkung Gottes«,* wie Scholem sie beschreibt, der dem göttlichen Nichts zugrundeliegenden Negation der Negation, einem Gespinst metaphysischer Spekulationen von buchstäblich grundlegender Kühnheit und Schönheit, das in Europa erst um 1980, anläßlich der ersten umfangreichen Veröffentlichung der Werke Gershom Scholems in deutscher Sprache, zur Kenntnis genommen wurde. Das Verkennen oder eher Vergessen des jüdischen Denkens, das lange übergangen und ignoriert wurde, ist sicher einer der größten Skandale des europäischen Geisteslebens.

Bei der Lektüre der großen Mystiker, wagemutiger Geister wie Kierkegaard oder Dostojewskij, Wittgenstein, Bergson, Péguy oder Scholem vergißt man leicht, daß sie nie von dem sprechen, von dem sie sprechen, sondern von dem, was sie verfehlen. Meist kippt das mystische Denken am Ende in seine Unzugänglichkeit um, sein Unsagbares, seinen ersten und letzten Gegenstand. Es ist ein kühnes Denken, das seinen Inhalt im Denken selbst aufhebt, das sein Objekt absorbiert. Es ist ein Weg ohne Vehikel und ein Vehikel ohne Weg. Es ist seine eigene

Selbstdistanz und beginnt erst dort so richtig, wo das Geländer endet, wo »Gott« kein feste Burg mehr ist, keine letzte, Sicherheit bietende Instanz, wo also der Zweifel beginnt. Das war, wie wir wissen, die große Entdeckung Descartes': daß der Grund des Denkens stumm ist.

Niemand hat das so genau dargestellt wie Franz Kafka, der »kleine Prager Jude«, von dem hier schon die Rede war. In einer Reihe von Aphorismen unter dem Titel *Er* heißt es etwa: *»Er hat das Gefühl, daß er sich dadurch, daß er lebt, den Weg verstellt. Aus dieser Behinderung nimmt er dann wieder den Beweis dafür, daß er lebt.«* Oder: *»Sein eigener Stirnknochen verlegt ihm den Weg, an seiner eigenen Stirn schlägt er sich die Stirn blutig.«* Oder auch: *»Das Unzerstörbare ist eines; jeder einzelne Mensch ist es und gleichzeitig ist es allen gemeinsam, daher die beispiellos untrennbare Verbindung der Menschen.«* Der französische Philosoph Patrice Loraux sagt in seinem schönen Buch *Das Tempo des Denkens: »So sieht sich Kafka ganz naiv und ohne danach gesucht zu haben ›für uns‹ und an unserer Stelle etwas Schroffem ausgesetzt, das ihm die Augen verbrennt. Für uns war es unerträglich, also* *schoben wir schnell unsere Deutungen davor.«* Und wenn eine dieser Deutungen Gott wäre?

Mit anderen Worten: Das Unzerstörbare eines jeden ist das allen Gemeinsame, und das will die Menschheit unbedingt mit dem Namen Gott belegen. Das Rätsel ist aber nicht Gott, sondern ein jeder. Das ganze Mysterium der Menschheit ist im Besitz jedes einzelnen. Es ist das unzerstörbare Schweigen, das jeder in sich trägt und niemand im anderen erkennt. Das sogenannte Sakrale ist vielleicht nur ein davon abgeleiteter Begriff, ein Schleier vor der »Heiligkeit« eines jeden einzelnen, einzigartigen, unersetzlichen und in seinem Seinerseits unerreichbaren menschlichen Wesens, dessen Allgemeinheit nur durch seine Besonderheit existiert. Von dieser Besonderheit wollen alle möglichen politischen und religiösen Instanzen ablenken, als wäre die Entdeckung des Selbst eine Gefahr für die Obrigkeit, aber auch, als wäre das Selbst per definitionem jeder Formulierung entzogen.

Kleine Fabel heißt ein anderer berühmter Text Kafkas. Er trifft mit der für Kafka typischen unglaublichen Genauigkeit den Kern dessen, von dem hier die Rede ist: *»›Ach‹, sagte die Maus, ›die Welt wird enger mit jedem Tag. Zuerst war sie so breit, daß ich Angst hatte, ich lief weiter und war glücklich, daß ich endlich rechts und links in der Ferne Mauern sah, aber diese langen Mauern eilen so schnell aufeinander zu, daß ich schon im letzten Zimmer bin, und dort im Winkel steht die Falle, in die ich laufe.‹ ›Du mußt nur die Laufrichtung ändern‹, sagte die Katze und fraß sie.«*

Vielleicht umschreibt Kafka hier das Unmögliche, das im Zentrum seines ganzen Schreibens steht. Er zeigt, wie die Frage entsteht und wie sie sich, in sich selbst beschlossen, selbst gebiert und absorbiert. *»Verstecke sind unzählige. Rettung nur eine, aber Möglichkeiten der Rettung wieder so viele wie Verstecke«*, schreibt Kafka in seinen *Betrachtungen über Sünde, Leid, Hoffnung und den wahren Weg.* Die Haken, Umschwünge und Umwege, die diese Frage nimmt, sind so zahlreich wie die Verstecke, die mit großer Akribie ausgekundschaftet werden, doch am Ende wartet jedesmal die Katze. Pascal stellte die Frage ähnlich: *»Wir wissen, daß es eine Unendlichkeit gibt, und kennen doch ihre Natur nicht. Da wir wissen, es ist falsch,* *daß die Zahlen endlich sind, so ist es also wahr, daß es eine Unendlichkeit an Zahlen gibt. Wir wissen aber nicht, was sie ist: Falsch ist, daß sie gerade, und falsch ist, daß sie ungerade sei.«* Etwas später setzt er denselben Gedanken fort: *»Wenn es einen Gott gibt, ist er unendlich unverständlich, da er weder Teile noch Grenzen hat und daher überhaupt keine Beziehung zu uns.«* Ähnliche Zitate lassen sich Dutzende finden. Ein solches Denken frißt sich buchstäblich selbst auf, es verzehrt sich in seinem steten Weiterdenken.

Paul Valéry, der seinem Monsieur Teste den Satz: *»Dummheit ist nicht meine Stärke«* in den Mund legte (und man muß sagen, er wußte, wovon er sprach), schreibt in seinen *Heften: »Der Metaphysiker, der über Gott, die Welt der Wesenheiten usw. redet, ist einem Menschen vergleichbar, der Banknoten ohne Deckung oder Rücklagen produziert und so hundert Milliarden, unendlich viele Francs drucken kann.«* Und, fügt er 1944 hinzu, es gibt auch keine Fälligkeit. Deshalb läßt sich dieser undefinierbare Diskurs auch ad infinitum wiederholen, endlos in die Länge ziehen und ständig neu beginnen. Daher erlaubt das Wort Gott jegliche

Abschweifung, weil es vollkommen inhaltsleer ist. Gott ist eine Worthülse, in die man alles hineinstecken kann.

Alles, was die Gottesidee, sobald sie sich in Formulierungen niedergeschlagen hatte, an Verblendung, Schrecken und namenlosen Verbrechen zeugte, beweist, daß sie die gründlichste Verirrung des menschlichen Denkens ist, aber auch dessen Bestandteil und Seinsgrund, so daß es schließlich wie die Maus in der Fabel nicht mehr ein noch aus weiß. Nun hat jene Verirrung eine Geschichte und Entwicklung durch die Zeiten hindurch erlebt, die von den Religionshistorikern ausführlich beschrieben wurde, nur bewiesen wurde nie etwas. Die Gottesidee tritt in zahllosen Formen auf, was schon für sich spricht, und am Ende tappt sie jedesmal in die Falle, die sie sich selbst stellt. Welche Katze dort wohl auf der Lauer liegt?

Bei Kafka, vielleicht auch noch bei Pascal und Wittgenstein, läßt sich am deutlichsten erkennen, was wir, mangels eines geeigneteren Begriffs und um das hier begonnene Spiel weiterzuspielen, »Grammatik Gottes« nennen wollen oder, noch besser, »Grammatik des Unmöglichen«, ganz nach dem Motto: »Du würdest mich nicht suchen, wenn du mich nicht längst gefunden hättest«, was nicht die Aufhebung der Suche impliziert, sondern die des Gefundenen. Das Scheitern des Satzes am Gegenstand ist dessen Raison d'être, er wird nur flüchtig dahingesagt, um gleich wieder neu formuliert zu werden. Nicht umsonst schrieb Pascal, man müsse *»die Maschine verdummen«,* was wohl beweist, daß er nicht glaubte, daß es für ihn keine Möglichkeit gab zu glauben, und das ist auch das Thema seiner *Gedanken.* Was es nicht gibt, kann man nicht denken. Ein solches Denken ist also, wie man sieht, vollkommen unmöglich; auch die Sprache bietet keinen Ausweg. Es kann nur immer wieder von vorn anfangen, dieselbe Frage wird ununterbrochen neu gestellt, und der stets wiederholte Versuch einer Antwort ist jedesmal zum Scheitern verurteilt.

Merkwürdig ist nur, wie sehr die Beharrlichkeit dieses Denkens seinem Versagen entspricht. Die ständige Wiederholung desselben Versuchs und dessen permanentes Versanden in sich selbst entfalten seit Jahrtausenden eine unwiderstehliche Anziehungskraft. Dieses Denken verewigt sich durch seine Aussichtslosigkeit, sein Nichts ist sein Alles. Daß es sich vergeblich weiß, ist ihm Versuchung und Seinsgrund.

Ein abwesender Gott

Und heute, 58 Jahre später? Es ist immer noch wie am ersten Tag, dieselbe Verwunderung, ein nie nachlassendes Staunen, am Leben zu sein. Jeder Morgen ein neues, unverdientes Geschenk, besonders für einen, der sich sein Leben erschwindelt hat; denn eigentlich dürfte es mich gar nicht geben, das war bereits 1933 klar und deutlich erklärt worden. Wenn ich als Bürger der französischen Republik an etwas glaube, dann an die Trennung von Kirche und Staat* und nicht

* Im Französischen heißt diese Trennung, für die es (nicht zufällig) im Deutschen keinen Begriff gibt, »laïcité«. Damit ist nicht der Laizismus gemeint, sondern die Weigerung, das Göttliche als Prinzip der Politik anzusehen, die Überzeugung, daß der Staat für religiöse Fragen absolut nicht zuständig ist. Diese Trennung, 1905 formuliert, ist eines der Grundprinzipien der Französischen Republik. In Deutschland gilt weiterhin das Konkordat, das 1933 zwischen dem Apostolischen Stuhl als Vertreter der römisch-katholischen Kirche und dem Nazi-Reich geschlossen wurde.

an Gott, der doch nur Wortgeklingel ist. In mir aber ist, ohne mein Zutun, eine undefinierbare innere Gewißheit, eine gegenstandslose Überzeugung, die an nichts »glaubt«, denn man kann seinen Glauben bewahren, ohne an etwas zu glauben. Das Zeitwort *glauben* ist immer transitiv, man glaubt an etwas, und dieses Etwas unterliegt stets dem Zweifel, deshalb wird es auch immer so vehement behauptet. Die objektlose innere Gewißheit dagegen ist eben darum, weil sie an nichts glaubt, die weitaus stärkere Überzeugung.* *»Glauben heißt«,* schreibt Kafka in *Hochzeitsvorbereitungen auf dem Lande, »das Unzerstörbare in sich befreien oder richtiger: sich befreien, oder richtiger: unzerstörbar sein, oder richtiger: sein.«* Es gibt nichts als die Existenz, das Dasein, das

* Das Französische erlaubt hier Gedankenspiele, die im Deutschen kaum möglich (und schwer wiederzugeben) sind, da es zwei Begriffe für Glauben hat: *croyance,* womit eher eine bestimmte Glaubensrichtung, eine Konfession gemeint ist, und *foi,* ein »gegenstandsloser« Glaube, eine innere Gewißheit und Überzeugung. Das der *croyance* entsprechende Verb *croire* (glauben) wird ausschließlich transitiv gebraucht (an etwas glauben), während *avoir la foi* (glauben) intransitiv ist (im Deutschen vielleicht: gläubig sein, womit aber ein bestimmter Glaube immer schon impliziert ist).

alltägliche Wunder, die unverständliche Gabe, am Leben zu sein, neben der alles andere unwichtig wird. Die innere Gewißheit ist ihre eigene Quelle, ihre eigene Beständigkeit.

Vielleicht meinen sogar jene, die an Gott glauben, damit eigentlich etwas, wovon sie eine jahrtausendelange Zwangsherrschaft systematisch fernhielt, etwas, das erst durch Montaigne wiederentdeckt und durch Rousseau allen zugänglich gemacht wurde, das Staunen darüber, daß man ist, das schon zitierte »Seinsgefühl«, diese eine, unersetzliche Selbsterfahrung, undurchdringlich für jeden und doch allen gemein. Dank der historischen Umstände konnte ich mich, ohne daß mir das bewußt war, von den Gehorsamsmustern befreien, die mir aufoktroyiert werden sollten, ich glaubte nicht an Ideen, am allerwenigsten an Gott, aber ich wußte, daß es das Unendliche gibt, und zwar gleich nebenan, denn jeder Mensch, so nah er mir sein mag, ist mir in seiner Selbstheit, seinem Selbstsein, vollkommen unzugänglich, und doch weiß ich von ihm, daß er genauso er ist, wie ich ich bin. Diese Selbstpräsenz eines jeden ist geheimnisvoller und ergreifender, als nur je ein Gott es sein könnte, sofern er nicht Mensch ist. Das Rätsel ist der Mensch, der neben mir leibt und lebt, nah oder fern, unveränderlich er selbst, wie er da in sich selbst er selbst ist, wie er sein Ich ist. *»Sich in das ganze Sein und Wesen eines andern hineindenken zu können, war oft sein Wunsch – wenn er so auf der Straße zuweilen dicht neben einem ganz fremden Menschen herging – so wurde ihm der Gedanke der Fremdheit dieses Menschen, der gänzlichen Unbewußtheit des einen von dem Namen und Schicksalen des andern so lebhaft, daß er sich, so dicht es der Wohlstand erlaubte, an einen solchen Menschen andrängte, um auf einen Augenblick in seine Atmosphäre zu kommen und zu versuchen, ob er die Scheidewand nicht durchdringen könnte, welche die Erinnerungen und Gedanken dieses fremden Menschen von den seinigen trennte«*, schreibt Karl Philipp Moritz in seinem herrlichen *Anton Reiser,* von dem Arno Schmidt sagte, es sei *»ein Buch, wie es kein anderes Volk der Erde besitzt«*. Das ist das eigentliche Geheimnis, dem man den Namen »Gott« überstülpte, weswegen gehetzt und verfolgt, gefoltert und hingerichtet wurde, damit es sich ergebe und sich dem unterwerfe, was es nicht ist.

Die ganze Menschheitsgeschichte bestand darin, den Menschen von sich abzulenken, vielleicht ist das die Conditio sine qua non der allmählichen Entwicklung menschlicher Gesellschaften. »Gott« ist vielleicht nur der Deckname dieser Ablenkung, aber »Gott« lenkt auch von Gott ab, unter welcher Form auch immer. Anscheinend können die Gesellschaften nicht anders, als in die von ihnen selbst gestellten Fallen zu gehen, das zeigt auch die auf ihrer eigenen Unzulänglichkeit errichtete Sprache, die dem, was sie ausdrücken will, immer hinterherhinkt, als sei das ihre Bestimmung. Sonst müßte es dem unschuldig Angeklagten doch gelingen, seine Schuldlosigkeit zu erklären. Ist es nicht sonderbar, daß es so vieler tausend Jahre und so großer Mühen bedurfte, bis endlich ein von seinen Schlacken befreites Ich überhaupt formuliert werden konnte?

Die Allgegenwart des Gottesbegriffs in allen Kulturen zeigt, daß etwas Unumgängliches dahinterstecken muß, daß im menschlichen Denken eine Selbstpräsenz ist, die stets mit allen Mitteln daran gehindert wurde, sich als solche zu manifestieren, die sich aber auch gar nicht manifestieren kann, weil sie im Netz der Worte gefangen ist. Natürlich gab es Momente des »Psychologischen« schon seit dem Altertum, etwa in der Figur des Sokrates in Platons Dialogen oder in den Stücken von Sophokles und Euripides, aber nur gelegentlich und beiläufig. Die *Bekenntnisse* des Augustinus gehen sehr weit in der Erkundung des persönlichen Abenteuers, aber das ist nicht ihr Zweck, sondern dient bloß der Beweisführung in einem ganz anderen Projekt. Vor Montaigne, dessen Essays 1580 erschienen sind, gibt es kaum Beispiele psychologischer Beschreibungen als solcher, als Selbstzweck. Vielleicht läßt sich diese Suche nicht in Ausdrücke kleiden, die dazu gemacht sind, sich stets dem Ausdruck zu entziehen und dennoch Spuren zu hinterlassen.

Wie kommt es also, daß der unschuldig Angeklagte seine Unschuld nicht erklären kann? Wie kommt es, daß die Sprache unfähig ist, von einer Seele Zeugnis abzulegen? Wer hat je der

Sprache geglaubt? Wieso verfehlt sie stets das Wesentliche, wieso verschlägt es ihr immer das Wort, wieso trifft sie auf das, was sie sagen soll, nie zu? Und ausgerechnet durch die Sprache (daß es viele Sprachen gibt, relativiert das glücklicherweise) will man uns von der Existenz Gottes überzeugen! Das Absolute als Gegenstand des Denkens hinge also von der Unzulänglichkeit des Ausdrucks ab? Und durch die Sprache, die doch bloß seine Abwesenheit abbildet, soll Gott begründet werden? Durch die Sprache will man uns die »Wahrheit« einflößen? Dabei lernt schon das Kind, dem es nicht gelingt, den ungerechten Vorwurf zurückzuweisen, zu zweifeln, weil man ihm nicht glaubt, aber verlangt, daß es an Gott glaubt. Meine Kindheit hat mich gelehrt, daß die Sprachen, die mir zur Verfügung stehen, mit meinem Gefühl, daß ich nicht meine Schuld bin, nicht in Einklang zu bringen sind.

Gott entspringt einem Sprachversagen – aber was ist die Sprache denn anderes als Scheitern? Es werde oft behauptet, die Philosophie mache keine Fortschritte und beschäftige sich immer mit denselben Problemen, schreibt Ludwig

Wittgenstein in seinen *Vermischten Bemerkungen.* Der Grund dafür sei, *»daß unsere Sprache sich gleich geblieben ist und uns immer wieder zu denselben Fragen verführt. Solange es ein Verbum ›Sein‹ geben wird, das zu funktionieren scheint wie ›essen‹ und ›trinken‹, solange es Adjektive wie ›identisch‹, ›wahr‹, ›falsch‹, ›möglich‹ geben wird, solange von einem Fluß der Zeit und von einer Ausdehnung des Raumes die Rede sein wird usw., usw., so lange werden die Menschen immer wieder an die gleichen rätselhaften Schwierigkeiten stoßen und auf etwas starren, was keine Erklärung scheint wegheben zu können. Und dies befriedigt im übrigen auch ein Verlangen nach dem Transzendenten, denn indem sie die ›Grenze des menschlichen Verstandes‹ zu sehen glauben, glauben sie natürlich, über ihn hinaus sehen zu können«* – und tappen noch leichter in die Fallen, die sie sich selber stellen. Ich kann weder über meinen Schatten springen noch mich beim Laufen überholen. Die Grenzen meiner Sprache sind die Grenzen meiner Welt, sagt Wittgenstein im *Tractatus logico-philosophicus.*

Das Problem der Religionen und ihrer theoretischen Formulierungen, ihrer Theologien, ist dasselbe wie das der Philosophie, nur daß jene es unvorsichtiger- und unverfrorenerweise Gott nennen. Die Religionen stellen sich ständig die Wortfalle, um kopfüber hineinzuspringen und ihre Schäfchen mitzuziehen, die Opfer dieses Sprachmißbrauchs, der schon so lange geübt wird, daß er kaum mehr durchschaubar ist, um die immergleiche Macht mit ihren ständigen Ermahnungen zum Gehorsam zu verewigen. Im Unterschied zum intuitiven Denken der Mystik, das keine »Beweise« benötigt, sind die Theologien affirmativ und befestigen, genau wie ihre Erbinnen, die politischen Theorien, ihre Autorität als Hüterinnen der Wahrheit. Die »Wahrheit« siegt immer, wie wir wissen, rechthaberisch und unwiderlegbar wirft sie sich zur obersten Richterin auf, in ihrem Namen wird gefoltert und gemordet. Der Wahrheitsbegriff, den sich die Theologien ans Panier heften, scheint dem Monotheismus eigen zu sein, er läßt keinen Widerspruch zu. Bannfluch und Scheiterhaufen, die in so hohem Maße die Geschichte des Okzidents charakterisieren, gehen auf ihn zurück. Der Wahrheitsbegriff ist eine der großen Katastrophen des philosophischen Denkens überhaupt.

Theologie und Philosophie existieren nur durch Texte, sie sind vollkommen abhängig von ihrem Ausdruck, den Spuren des Denkens in Worten und Sätzen. Darüber hinaus beruht die Theologie auf einem »teleologischen Zynismus«, bei dem der Zweck alle Mittel heiligt. Die Struktur der Sprache bahnt den Weg des Denkens, das sich in ihr abbildet, und bestimmt daher sämtliche Gedankenstränge, besonders die theologischen. Wie sonst könnte die Gottesidee durch sprachliche Ungereimtheiten und Widersprüche wie »Dreieinigkeit« oder »Dreifaltigkeit« relativiert werden?

Die Heiligen Schriften sollten jeden Zweifel ausschließen, und doch unterscheiden sich die Bibel und der Koran in den verschiedenen Sprachen beträchtlich. Seit es Textkritik gibt, also seit kaum zweihundert Jahren, werden auch die Sinnschwankungen innerhalb der Sprachen deutlich. So hat man die Lutherbibel in den offiziellen Bibelversionen bis zur Unkenntlichkeit entstellt, die Übersetzung ist kriecherisch, anbiedernd, schleimig, ja abstoßend geworden. Und wenn man die Vielfalt der Sprachen bedenkt, wie soll dann der Begriff des einen und einzigen Gottes durch alle sprachlichen Variationen hindurch greifbar werden? Wenn Gott existierte, müßte er auf einzigartige Weise einheitlich erfaßbar sein. Wittgenstein schreibt, wir erinnern uns, »sein« sei bloß ein sprachliches Arrangement. Und damit soll Gott sich begnügen? Die Sprachen tragen ihre Persönlichkeit in sich, und was sie sagen, ist von ihnen geprägt. Wie kann es aber sein, daß die Gottesidee durch die Vielfalt der Sprachen relativiert wird? Was die Sprachen davon tatsächlich übersetzen, schieben sie sich gegenseitig zu wie eine heiße Kartoffel.

Man gebraucht die Sprachen, um auszudrükken, was sie ihrer Natur nach nicht erfassen können, weil sie sonst keine Sprachen wären. Das, was man mit ihnen sagen will, ist ihnen so fremd, als wären sie dafür geschaffen, es nicht zu sagen. *»Die Sprache schien ihm beim Denken im Wege zu stehen, und doch konnte er wieder ohne Sprache nicht denken«*, heißt es in Karl Philipp

Moritz' *Anton Reiser.* Kant zeigte, daß es absolut unmöglich ist, über das »Numen«, also über das, was außerhalb der Reichweite des Denkens liegt, zu sprechen. Da die Sprache ihrem Wesen nach metaphorisch ist, kann sie, wie jeder weiß, nicht sein, wovon sie spricht, sondern nur dessen Zeichen. Es gehört eine Portion Unverfrorenheit zu der Behauptung, das (vermeintliche) Objekt stimme mit seiner verbalen Darstellung überein. Sogar die Alma mater Philosophie stellte stets sich selbst und ihre Begriffe in Frage. Sie verhehlt auf ihre Weise, was sie nicht sein kann. Gott ist, wenn man so will, das Wesen der Sprache, das heißt, ihre konstitutive Unfähigkeit, das zu sein, wovon sie spricht.

Wilhelm von Humboldt, einer der ersten großen modernen Linguisten, wies schon 1820 darauf hin, daß Bewußtsein und Sprache untrennbar miteinander verbunden sind und jede Intellektion, also jeder zum Verständnis eines einzigen Wortes nötige Akt des Verstehens, ausreicht, um nach und nach die ganze Sprache zu erfassen. Jedes Wort setzt die Sprache, der es entstammt, in ihrer Gesamtheit voraus, es gibt in einer Sprache nichts, was nicht von ihrer Art ist, alles, was sie ausdrückt, hängt von ihr ab und umgekehrt, also auch die Gottesidee, weshalb diese als solche durch die Sprache unsagbar bleibt.

Es ist doch sonderbar, daß man sich der Sprache, die in den Netzen dessen, was sie sagen will, gefangen ist, bedienen muß, um an das Undenkbare heranzukommen. Noch einmal anders gesagt: Ich kann das Undenkbare nicht denken. Gibt es eine nichtigere und lächerlichere Vorstellung als einen denkbaren Gott, einen Gott, der in irgendeiner Hinsicht dem Denken zugänglich wäre und einer Übersetzung in Worte, die einer durch und durch menschlichen Grammatik folgen? Dazu ist die Sprache da, um uns ihr Scheitern vor Augen zu führen, ihr Mangel ist es, der spricht, die Leere der Sprache, die sie, die Sprache, allein zu zeigen vermag. Nur durch die Sprache wissen wir, was sie verfehlt, sie allein zeigt uns, was sie nicht sagen kann. Das meint der mystische Gedanke: »Hätte ich euch nichts gesagt, hätte ich euch alles gesagt«, und auch die zum Beispiel von Gershom Scholem beschriebene kabbalistische Idee einer Schöpfung aus dem Nichts drückt etwas Ähnliches aus.

Erstaunlich ist die Beständigkeit dieser immergleichen Problematik, die durch sie nur noch unerschöpflicher wird, als wäre hier ein Verlangen von einer falsch gestellten Frage verdeckt. Die Sprachen der Menschen scheinen von Anfang an durch den alltäglichen Gebrauch von anderen möglichen Richtungen abgelenkt worden zu sein. Wahr ist aber auch, daß die Sprachen wesenhaft unvollkommen sind, wie gemacht, ständig hinter dem herzulaufen, was sie sagen möchten, sich immer wieder von neuem an dem zu stoßen, was sie blendet, also Gott grundsätzlich zu verfehlen. Zum Mangel verurteilt, werden die Sprachen von denen, die sie gebrauchen, stets neu begonnen, nie schöpfen die Wörter die Worte aus, der Sprechende ist immer woanders, er ist unauslotbar, denn keine Sprache kann von dem, der sie spricht, Zeugnis ablegen. Außerdem sind die Sprachen in erster Linie Instrumente der sozialen Kommunikation, sie fügten sich der Macht, rechtfertigten die Hierarchien. Und es bleibt zu fragen, ob die Ordnung der Worte

(Subjekt, Verb, Objekt) wirklich von Befehlsstrukturen unabhängig ist.

Wie ist es möglich, daß die vermeintliche Gottesidee auf eine Sprache (und sei es die des Paradieses) angewiesen ist, von einer von Sprache zu Sprache veränderten Auffassung abhängt? Man könnte darauf wetten, daß es eigentlich um etwas ganz anderes geht. Früher warnte ein hochformatiges Emailleschild vor französischen Bahnübergängen: Ein Zug kann einen anderen verdecken! Darauf war eine erschrockene Bäuerin mit einem Kind an der Hand und einem Korb am Arm abgebildet, dem eine Gans entflatterte; offenbar hatte ein Zug sie gestreift, von dem nur noch die Puffer des letzten Waggons zu sehen waren. Das ganze Problem liegt darin, daß man den Sprachen aufs Wort glaubt, als ob sie das Evangelium wären, wo sie doch von Natur aus das, von dem sie reden, verhehlen und entstellen.

Gott ist ein Problem, das sich weder stellen noch lösen läßt, und gerade darum kommt die Menschheit ständig darauf zurück, wie man immer wieder zur Flasche greift, nur daß der Preis dafür nicht so hoch ist. Seit jeher haben die Religionen sich Gottes bemächtigt und gaben vor, in seinem Namen zu sprechen. Grausame Menschenopfer entstellten die Gottesidee im Lauf der Geschichte, das schlimmste Folterwerkzeug wurde zum Wahrzeichen des Glaubens. Die Sündenböcke, die angeblich der Ehre Gottes geopfert wurden, dienten in Wahrheit stets der Verewigung von Gewalt und Verbrechen. Menschenopfer, gleich welcher Art, sind immer nur Listen und Finten der politischen Macht. Das religiöse Opfer stellt darüber hinaus eine Verneinung des Gottes dar, dem es zugedacht ist, der jedoch so etwas niemals fordern könnte: *»Die Mörder sind es, die an Opfern und Brandopfern festhalten, von denen Yahwe nichts mehr hören will. Nur aus ihrer Sicht stellt die Passion noch ein Opfer dar, nicht aus der Sicht des Geopferten, der begreift, daß Gott jedes Opfer abscheulich findet«,* schreibt René Girard in seinem schönen Buch über *Das Ende der Gewalt.*

René Girard ist bestrebt, durch die Geschichte der abendländischen Kulturen einen Zugang zu schaffen zu dem, was von ihnen stets unter Verschluß gehalten und darum erst recht sichtbar wurde: Die jüdisch-christliche Entdeckung des Bewußtseins (die Behauptung des Menschen als Mensch) scheint der Skandal schlechthin gewesen zu sein, und daraufhin steckte die eine Hand ganz schnell wieder ein, was die andere gegeben hatte. So machten die Menschen auf dem Weg zur Entdeckung des Selbst auf halber Strecke kehrt, um bald wieder den Wonnen der Anbetung des Opfergotts zu verfallen, so daß der menschliche Geist nie einen anderen Zugang zum Taumel des Seins fand als über religiöse Entstellungen, woraus sich am Ende nur Nazismus, Völkermord und Totalitarismus ergaben. Das absolute Verbrechen, die Shoah, entstand im lebendigen Herzen des Christentums, eines geschwächten und verkommenen Christentums allerdings, das nicht einmal das schlimmste Heidentum in sich zu erkennen vermochte.

Die Gottesidee steckt tief in der menschlichen Psyche als strafendes Gewissen, als Über-Ich, das jedem die grundlegenden Pflichten des gesellschaftlichen Lebens einbleut. Gott, als äußerste Spitze der Hierarchie an einer Art Scheitelpunkt des politischen Raums installiert, war stets die oberste Instanz, die hoch über allem thronte. Diese Vertikalität ist eine geometrische Abbildung der Kommandostrukturen, und wenn es je eine politische Erfindung gab, dann diese. Victor Hugo ließ sich davon, wie wir bemerken werden, nicht täuschen: In seinem berühmten Gedicht *La conscience* (Das Gewissen) ist das Auge, das Kain nach dem Mord an Abel nachts in der Höhle anblickt, nicht über ihm, sondern in ihm, es ist sein individuelles, intimes, nicht mitteilbares Gewissen, stumm und offensichtlich.

Daß der Gottesbegriff noch immer mit so vielen Denkverboten belegt ist, zeigt die ganze Unsicherheit, die mit diesem Diskurs verbunden ist. Jeder Versuch einer kritischen Reflexion wurde jahrtausendelang mit furchterregenden Drohungen unterbunden; Giordano Bruno war nicht der einzige, den man deshalb bei lebendigem Leibe verbrannte. Keine andere Idee trieft so vor Blut, keine ist mörderischer, keine be-, ja verhindert so konsequent die Selbsterforschung des Menschen. Die entsetzlichen Verwüstungen des religiösen Fanatismus rühren fast ausschließlich von einer Sprachverblendung her, die jedes Nachdenken unmöglich macht. Und wir sehen ihn heute noch am Werk: Nach wie vor werden Menschen aus religiösen Gründen gehängt, gesteinigt, werden Denkmäler gesprengt und Bücher oder Kunstwerke verboten. Nichts ist erschreckender als die Versteifungen und Versteinerungen des Denkens, die offenbar einer auf tote Wortspielereien und verrottete Gebräuche zurückgeworfenen Gottesidee entspringen und immer wieder große Hinrichtungswellen nach sich ziehen.

Gott ist nur eine sprachliche Täuschung, hinter der sich eine viel tiefere, namenlose Suche ohne Anhaltspunkte verbirgt, die nach Jahrhunderten des Zauderns und unzähligen verzweifelten, vergeblichen Bemühungen erstmals zaghaft bei Montaigne Ausdruck fand und schließlich mit ungeheurer heimlicher Kühnheit von Descartes formuliert wurde.

Später zeigte Spinoza, daß die Gottesidee, die von Anfang an zugunsten irgendwelcher »Stellvertreter«, Propheten oder anderer Mystagogen entstellt wurde, nur eine Maske der Obrigkeit ist. *»Die Religion, ob vom natürlichen oder vom prophetischen Lichte offenbart, erhält Befehlsgewalt nur durch den Willen der Personen, die das Regierungsrecht haben oder sich ein solches anmaßen.«* Im 7. Kapitel seines *Tractatus theologico-politicus* beschreibt Spinoza, wie Glauben und »Wunder« das Denken hemmen und wie *»die Hoheitsgewalt durch verschiedene Mittel erreichen kann, daß die große Mehrheit der Menschen ihren Glauben, ihre Liebe und ihren Haß den Wünschen anpaßt, die sie selbst hegt«*. Auch Religionen sind solche Mittel. Die Gottesidee hat jahrhundertelang immer nur dazu gedient, Führer und Anstifter aller Art in ihrer Befehlsgewalt zu bestärken sowie politische Macht zu errichten und zu erhalten.

Die Religion ist vor allem der Despotie zu Diensten und hält unerschöpfliche Mittel für sie bereit, bemerkte Abbé Félicité de Lamennais, ein katholischer Mystiker des 19. Jahrhunderts. *»Da es ihr (der Despotie) gelungen ist, das Bewußtsein der Völker zu täuschen und sie davon zu überzeugen, daß sie die Vertreterin Gottes sei und sie ihr also Unterwerfung schuldeten, wie sie Gott selbst zukomme,* *steht es nun außer Zweifel, daß solcher Glaube aufs wunderbarste ihrer Aufrechterhaltung diente«*, schrieb er 1835 in seiner Einführung zu der Abhandlung *Von der freiwilligen Knechtschaft* von Étienne de la Boëtie, einem Freund Montaignes. Nun aber schleppt auch der unglückliche Lamennais die unsinnige, haarsträubende Vorstellung vom »Gottesmord« mit sich herum, was die Macht zwanghafter Denkgewohnheiten selbst bei ansonsten etwas eigenständigeren Geistern wie diesem Lamennais zwingend beweist.

Wie kann man sich Gott anders nähern als über die verminten und längst versandeten Pfade seiner sprachlichen Formulierungen? Es ist, als ob die Gottesidee von vornherein ausschließlich dazu diente, die Entfaltung des Denkens an sich zu blockieren, als sollte der Geist vor einer grundlegenden Entdeckung geschützt werden: der Entdeckung seiner Freiheit. Vielleicht war es die Funktion des Gottesbegriffs, das Innerste des Selbst nach außen zu kehren, so als hätten Obrigkeiten aller Art unbedingt verhindern müssen, daß ein jeder sich selbst und damit den anderen erkenne, als wäre Gott nur der letzte

Popanz, der allerletzte Reinfall, die endgültige Mystifikation. Anders gesagt: Ist nicht das Unbewußte die Zuflucht all dessen, was durch die Gottesidee maskiert und unzugänglich wurde?

Die Psychoanalyse hat uns gezeigt, daß die Sprachen auf ihre je eigene Weise nur Deckung und Ablenkung sind, daß sie von etwas ganz anderem reden, als sie reden. Sie war der erste praktische und methodische Versuch, die Menschen von den Erstarrungen des Denkens zu befreien, die ihnen den Zugang zu sich selbst versperren. Wahrscheinlich ist sie aus dem Scheitern der europäischen Religionen im 19. Jahrhundert oder früher entstanden, als sich die feststehenden Harmonien angesichts der wissenschaftlichen Entdeckungen als haltlos erwiesen. Auf einmal schlugen die großen erklärenden Harmonien in Angst, Verbote, Bannflüche um, was sich deutlich an der zwanghaften Fixierung des dekadenten Christentums auf Sexualität und Antisemitismus ablesen läßt, die von da an die einzigen Inhalte des religiösen »Denkens« bildeten. In der Tat hatte das Christentum, das sich für die unbedingte Wahrheit hielt und dies mit Autorität verwechselte, seinen eigentlichen Inhalt vergessen: daß man Menschen nicht auf Dinge reduzieren kann und daß jeder einzelne Mensch in seiner einmaligen Menschlichkeit heilig ist.

Uneigentlich in jeder Beziehung, jüdischer Herkunft, Agnostiker, wenn nicht Atheist gewordener Christ, Schwarzfahrer des Schicksals und immer noch da, verharre ich am Ende meines Lebens im Dazwischen der notwendigen Unvollkommenheit aller Ideen, die nie abgeschlossen oder zu Ende gebracht werden können, die immer wieder bezweifelt, in Frage gestellt und neu bedacht werden müssen wie die allen Menschen gemeinsame Ungreifbarkeit des einzelnen, der kein Gericht gerecht wird. Gott und die Religionen sind sich selbst verlorengegangen, weil sie diesen intimen Moment, wo jeder ist, der er ist, nicht fassen konnten noch zu wahren wußten. Hätte es Gott tatsächlich gegeben, wäre er ein Gott der Barmherzigkeit gewesen, und wenn es einen unwiderlegbaren und endgültigen Beweis für die Abwesenheit Gottes gibt, dann den Schmerz, das Weinen eines Kindes.

Warum wurde denn so viel gefoltert und gequält, warum wurden die Menschen so verfolgt, wenn nicht, um hinter das unergründliche Geheimnis ihrer selbst zu kommen, das letzte Hindernis für die Entfaltung und Ausübung der Macht? Sadismus und Kannibalismus sind nur das Eingeständnis der vollkommenen Ohnmacht, den anderen zu knacken. Die Gottesidee verschmilzt mit der Faktizität der Opferung, die doch keine andere Funktion hat als die rentable Erzeugung von »Glück«. Dem Christentum blieb es vorbehalten, das Opfer zum Zeichen des Göttlichen zu erheben. *»Das Selbstopfer«,* schreibt René Girard, *»könnte in vielen Fällen das ›christliche‹ Alibi sein, mit dem sich durch den Nachahmungstrieb hervorgerufene Formen der Versklavung tarnen.«* Jedenfalls steht die Gottesidee unter der Herrschaft dessen, was Girard kurz darauf *»die alte Opferillusion«* nennt, auf die sich besonders jene gern berufen, die sich im Besitz der Wahrheit wähnen.

Es ist allgemein bekannt, daß alle Religionen dasselbe behaupten, nämlich sie seien die eigentliche und einzig wahre, womit sie alle anderen ausschließen und für null und nichtig erklären. Die Eigentlichkeit schließt immer alles Uneigentliche aus, sie ist die Affirmation eines höheren Werts an sich, der über dem anderen und über dem Anderen steht. Das kommt daher, daß das Sakrale, kalt und erhaben, abweisend und unfehlbar, schon immer den Weg zum Heiligen, das heißt, dem Mysterium des Menschen, verbaute. Was aber zählt, was einzig Sinn hat, ist das, was trotz allem diesseits des »Eigentlichen« bestehenbleibt und dessen Falschheit zeigt, das Uneigentliche, Widerborstige, Unbotmäßige, Nichtkonforme, und das gehört zu dem, der da spricht und am Sprechen scheitert: dem Menschen.

Die Unzulänglichkeit der Worte, das Verstummen der Sprache deutet vielleicht auf das Wesen des Göttlichen, die Leere im Grunde der Selbstpräsenz, darauf, daß der Mensch auf nichts zurückgeführt werden kann denn auf sich selbst als der Mensch, der er ist. Daß ihm die Worte fehlen, weist ihn als Menschen, als Sprechenden aus, als den einzelnen, an dem jede Theorie abgleitet, weil er alle logischen Ausführungen sprengt, den die Sprache, mit der er sich nicht ausweisen kann, nicht erfaßt. Keine Seele kann von einer Sprache ergründet werden. Kafka, noch einmal, im dritten Oktavheft: *»Der Beobachter der Seele kann in die Seele nicht eindringen, wohl aber gibt es einen Randstrich, an dem er sich mit ihr berührt. Die Erkenntnis dieser Berührung ist, daß auch die Seele von sich selbst nicht weiß, sie muß also unbekannt bleiben. Das wäre dann nur traurig, wenn es etwas anderes außer der Seele gäbe, aber es gibt nichts anderes.«*

Das drücken die Religionen immer nur auf unpassende, ungeeignete Weise aus. Wenn Heinrich Heine 1831 in seinem oft verkannten, wegweisenden Buch *Zur Geschichte der Religion und Philosophie in Deutschland* schrieb, einem sterbenden Gott würden die letzten Sakramente gebracht, und Nietzsche ein paar Jahrzehnte später dessen Tod verkündete, dann weil sie ahnten, daß die großen kollektiven Unterwerfungen und die davon entfesselte, alles überrollende Barbarei dem Begriff des Menschen ein für allemal ein Ende setzen würden. Die entschlossene Planung und systematische Umsetzung der Shoah als

Prinzip des Politischen hat bewiesen, daß »Gott« nur ein leerer Begriff, ein Widersinn des Denkens ist, da der Mensch sich selbst verlorenging. Und heute könnte auch noch die Welt verlorengehen.

Letztlich kann man zu diesem Thema nur Platitüden von sich geben. Was bedeutet schon die Unersetzlichkeit des einzelnen gegenüber dem Untergang ganzer Kollektive, gegenüber von Wahrheitsbehauptungen, die unweigerlich zu Massentötungen führten und führen? Es ist banal geworden, daran zu zweifeln, ob die Frage nach Gott angesichts der Shoah und des großen Mordens im 20. Jahrhundert überhaupt noch Sinn hat. Doch gerade diese Banalität beweist die Dringlichkeit der Frage, haben doch diejenigen, die jahrhundertelang behaupteten, im alleinigen Besitz der göttlichen Wahrheit zu sein, zur Shoah geschwiegen, wenn nicht beigetragen, und sich dadurch mitschuldig gemacht am Tode Gottes. Das Christentum war so weit von sich selbst, von seiner Bestimmung abgekommen, daß es nicht einmal das Heidentum in seiner mörderischsten Form erkannte. Das Schweigen des Vatikans ist die größte je wider das Christentum verübte Sünde – abgesehen von der Beteiligung »deutscher Christen« an Euthanasie und Völkermord. Im Grunde aber ging es in der Zeit der Totalitarismen hauptsächlich darum, jene leise, kaum hörbare Stimme des Gewissens zum Schweigen zu bringen, von der jeder weiß, daß sie auch im anderen spricht. Wo doch eine einzige, wie man weiß, genügt, um die herrschenden Obrigkeiten ins Wanken zu bringen.

Je weniger Religion den Untertanen aufgezwungen würde, desto mehr wäre Gott gegenwärtig – im »einzigartigen und unersetzlichen« Antlitz des Menschen, wie in André Cayattes Film *Wir sind alle Mörder* ein Gefängnisgeistlicher zu einem zum Tode Verurteilten sagt. Der Film, eine fulminante Anklage gegen die Todesstrafe, erregte seinerzeit (1952) großes Aufsehen und hat vielleicht zur Abschaffung der Todesstrafe (erst 1981 unter François Mitterrand) beigetragen, des infamsten Opferritus überhaupt, an dem sich das religiös geprägte Europa noch vor nicht allzu langer Zeit ergötzte.

Das heute gern belächelte Konzept der Laizität, der Trennung zwischen Kirche und Staat, war der naive, aber gelungene Versuch, das Sakrale aus dem Alltag herauszuhalten und damit dem einzelnen seine Heiligkeit wiederzugeben. Versetzt man Gott, mit welcher religiösen Garnierung auch immer, in diese Welt, beweist das besser als alles andere, daß er mausetot ist. Gott ist nie da, wo man sich zu ihm bekennen muß, wo man gezwungen ist, sich vor ihm zu verneigen, wo er bewiesen wird, wo er geboten ist, wo man zu ihm betet und darüber spricht. Die beharrliche Gegenwart dieses Problems weist jedenfalls darauf hin, daß es etwas Unfaßbares enthält, das sich stets entzieht: Die Selbstpräsenz des Menschen ist eine Frage, auf die es keine Antwort gibt. Daß sie immer wieder auftaucht und immer wieder neu gestellt wird, spricht von dem, was den Menschen ausmacht und einfach nicht kleinzukriegen ist. Ich bin ein menschliches Wesen, weil ich bleibe, der ich bin. Die Frage nach Gott beweist mich, nicht durch eine per definitionem unmögliche Antwort, sondern durch die Frage, die gestellt wird, um nicht beantwortet zu werden, weil ich, der Sterbliche, der Mensch, sie stelle.

Die fehlende Antwort, die fehlende Wahrheit als Zeichen für den Menschen – ein schwer zu ertragender Gedanke nach Jahrhunderten und Aberjahrhunderten der Unterwerfung des Denkens unter kollektive Pflichten. Doch heute, wo das Überleben der Menschheit, vielleicht auch die Erde oder das Leben, wie wir es kennen, nicht mehr sicher sind, ist es da nicht an der Zeit, die Frage genauer zu formulieren? Nun, wo der Mensch plötzlich gezwungen ist, sich auf neue Weise der Welt bewußt zu werden, sollte er da nicht seine eigene Geschichte erforschen und seine Selbsterkundung weiter vorantreiben, eine Erkundung, die im Zuge der Entwicklung des menschlichen Denkens immer wieder versucht und immer wieder unterbrochen wurde, um der autoritären Ausweitung und Erstarrung der Theorie zum Opfer zu fallen, bis zum Schluß das Ich dem Es unterlag? Man könnte sich die Frage stellen, ob Freuds Formulierung *»Wo Es war, soll Ich werden«,* nicht die wichtigste Forderung des letzten Jahrhunderts ist: zu erkennen, daß alles, was sich der Einsicht und dem Begreifen noch entzieht, zum Ich gehört, das die Verantwortung tragen soll.

Jedes menschliche Wesen ist eben das, was in ihm fortdauert und nicht zu fassen ist, jene schwindelerregende, unaufhörliche Selbstpräsenz, die in ihrer Kontinuität ans Unendliche stößt, offen, inhaltslos, undefinierbar, das heißt, die menschliche Existenz an sich, sie ist es, die wir für Gott halten. Seine ganze Geschichte hindurch blieb der Mensch, sich selbst und seiner Bestimmung entfremdet, für sich der große Unbekannte, das größte Geheimnis. Denn was wir sind, entzieht sich jedem Zugriff, wir sind immer woanders, und Gott ist immer woanders.

Inhalt

Das Werk von
Georges-Arthur Goldschmidt
im
Ammann Verlag

Ein Garten in Deutschland

Roman

Aus dem Französischen von Eugen Helmlé

1989. 192 Seiten. Geb.

2. Auflage

ISBN 3-250-10118-4

Ein Garten in Deutschland, das könnte als Metapher für Paradies stehen, für einen Ort zumindest, an den sich gerne erinnert, wer ihn als solchen erfahren hat. Doch für Georges-Arthur Goldschmidt verläuft die Geschichte anders.

»Mit großer Bildintensität und atmosphärischer Dichte, die jede Seite dieser meisterhaften Erzählung auszeichnen, wird mit dem Blick des Jungen der Abschied von einer unwiederbringlich verlorengehenden Kindheit beschworen.« *Paul Kersten, Der Spiegel*

Ammann Verlag

Die Absonderung

Erzählung

1991. 184 Seiten. Geb.

5. Auflage

ISBN 3-250-10149-4

Goldschmidt hat so etwas wie ein Traumbuch geschrieben: in dem Sinn, daß er für Situationen und Ereignisse, für die es bis dahin noch keine Sprache gab, wie somnambul, planlos, vorsatzlos, dafür um so klarer und unmittelbarer eine solche – nicht findet, sondern einfach hinsetzt ... Das Zeugnis eines so ausgedehnten wie beengten Traumwandlens, eines jahrelangen, voll des Schreckens und des Staunens, der Raum- und Zeit-Sprünge, der fahlen Labyrinthwelt des ewigen Kriegs und der weiträumigen Farbenwinkel eines episodischen Friedens.« *Peter Handke*

»Für die deutsche Literatur ist dieses Buch ein unverdientes Geschenk.« *Frankfurter Allgemeine Zeitung*

Ammann Verlag

Der bestrafte Narziß

Essay
Aus dem Französischen von Mariette Müller
1994. 160 Seiten. Geb.
ISBN 3-250-10225-3

Georges-Arthur Goldschmidt folgt seiner Erinnerung hin zu den schwarzen Winkeln, in denen die Kindheit ruht. Die schwarze Kammer der Kindheit wird zu einem Spiegelraum, in dem immer wieder die Revolte des geschlagenen Kindes inszeniert wird: der Moment, in dem Schmerz in Lust umschlägt und die Bestrafung zur Quelle erotischer Selbstentdeckung wird.

»Durch seine eigenartige Mischung von Erzählung und Philosophie übt der Essay eine besondere Faszination aus.« *Beatrice von Matt, Neue Zürcher Zeitung*

Ammann Verlag

Die Aussetzung

Erzählung

1996. 240 Seiten. Geb.
ISBN 3-250-10284-9

Weil die Unterbringung in dem Kinderheim zu gefährlich geworden ist, wird der sechzehnjährige Knabe auf einem Bauernhof im Hochtal der Savoyen versteckt. Trotz der immer noch gefährlichen Situation kämpft der Junge darum, sich aufgehoben zu fühlen. Aber sein größter Kampf gilt dem Rätsel seiner Sexualität.

»Die Einzigartigkeit der Darstellungsweise ist es, die dem Buch seine traumwandlerische Sicherheit gibt. Goldschmidt erzählt die Geschichte vom gezeichneten, tief verletzten Menschen, dem es nicht vergönnt ist, in einer Gemeinschaft zu leben, zu der es ihn hindrängt.«

Ludwig Harig, Süddeutsche Zeitung

Als Freud das Meer sah

Freud und die deutsche Sprache
Aus dem Französischen von Brigitte Große
2000. 184 Seiten. Geb.
5. Auflage.

ISBN 3-250-10333-0

Wie keinem anderen ist es Freud gelungen, die deutsche Sprache zum Sprechen zu bringen, sie für sich arbeiten zu lassen. Warum ist das Deutsche Sigmund Freud bei seinem Hinabtauchen in die Tiefen der Seele, in die Strömungen fern der Oberfläche, bei seiner Entwicklung der Psychoanalyse derart entgegengekommen? *Als Freud das Meer sah* ist eine Meditation über die Sprache, über das Unübersetzbare und – was paradox ist – sogar über das Unsagbare.

»Mit der Detailversessenheit Lichtenbergs, mit Canettis Witterung für das Uralte im Neuen beobachtet Goldschmidt die Bereiche, wo Sprache und Seele durcheinanderfluten.« *Peter von Matt, Die Weltwoche*

Ammann Verlag

Über die Flüsse

Autobiographie
Aus dem Französischen von
Georges-Arthur Goldschmidt
2001. 408 Seiten. Leinen
MERIDIANE 31
ISBN 3-250-60031-8

Georges-Arthur Goldschmidt blickt auf ein bewegtes Leben zurück. Die deutsch-national gesinnte Familie Goldschmidt mußte in dunkler Zeit schmerzhaft erfahren, was es heißt, jüdischen Ursprungs zu sein. Goldschmidt erzählt mit Offenheit seinen Weg ins Leben, der auch ein Stück deutscher und französischer und damit europäischer Geschichte ist.

»Ein erstaunliches, bewundernswertes und singuläres Buch, radikal, schlackenlos und unsentimental. Wohldosierte Offenheit, eine an den französischen Moralisten geschulte Meisterschaft im Urteilen, eine feine Diskretion bei gleichzeitiger Eindeutigkeit werden in dieser Autobiographie zu einem klaren, ergreifenden Bogen gespannt. Zu entdecken ist kein ›neuer‹ Goldschmidt, sondern ein vollendeter.«

Ina Hartwig, Frankfurter Rundschau